Carl-Auer

»Wer denkt, ist nicht wütend.«

Theodor W. Adorno

Steve Ayan

WAS MAN NOCH SAGEN DARF

Die neue Lust am Tabu

Zweite Auflage, 2023

Reihe »update gesellschaft«
hrsg. von Matthias Eckoldt
Umschlagentwurf: B. Charlotte Ulrich
Layout und Satz: Heinrich Eiermann
Redaktion: Nora Wilmsmann
Printed in Germany
Druck und Bindung: CPI books GmbH, Leck

MIX
Papier | Fördert gute Waldnutzung
FSC® C083411

klimaneutral
Mehr Bäume.Weniger CO_2

Zweite Auflage, 2023
ISBN 978-3-8497-0453-7 (Printversion)
ISBN 978-3-8497-8405-8 (ePUB)

Bibliografische Information der Deutschen Nationalbibliothek:
Die Deutsche Nationalbibliothek verzeichnet diese Publikation in der Deutschen Nationalbibliografie; detaillierte bibliografische Daten sind im Internet über http://dnb.d-nb.de abrufbar.

Informationen zu unserem gesamten Programm, unseren Autoren und zum Verlag finden Sie unter: **www.carl-auer.de.**
Dort können Sie auch unseren Newsletter abonnieren.

Carl-Auer Verlag GmbH
Vangerowstraße 14 · 69115 Heidelberg
Tel. +49 6221 6438-0 · Fax +49 6221 6438-22
info@carl-auer.de

Inhalt

Weitere Informationen zur Reihe
update gesellschaft finden Sie hier:

Tabu oder nicht tabu?

»Das wird man doch wohl noch sagen dürfen!« Dieser Satz, meist in beleidigtem Ton geäußert, fällt heute in vielen Debatten. Die Standardantwort darauf lautet: »Klar darf man! Wir leben in einem freien Land, hier kann jeder seine Meinung sagen.« Doch so einfach ist es nicht.

Natürlich droht niemandem Gefängnis oder eine Geldstrafe, der[1] »Mohrenkopf« sagt oder ein »Zigeunerschnitzel« bestellt oder der erzählt, er wollte als Kind gern »Indianerhäuptling« sein. Man darf auch durchaus meinen, es gebe bloß Frauen und Männer und wenige Desorientierte dazwischen. Man kann es für Privatsache halten, ob jemand hetero- oder homosexuell, bi, trans, nonbinär, asexuell oder polyamor ist. Man muss keinen Unterschied machen zwischen »Autist« und »Mensch mit Autismus« und darf »Downies« mögen, weil die immer so fröhlich sind. Man kann exotische Gerichte zubereiten, Dreadlocks, Tribal Tattoos oder Kimono tragen und sich damit fremde Kultur »aneignen«. Und man darf auch finden, dass Übergewichtige weniger essen und sich mehr bewegen sollten. Niemand ist zum Setzen von Gendersternchen oder Sprechpausen (»Kolleg*innen«) verpflichtet oder muss die neusten Anti-Stigmaregeln mitmachen. Zum Beispiel »Betroffene« sagen, wenn er Patienten meint. Ja, jeder darf sogar kundtun, Corona sei »nicht schlimmer als

1 Ich verwende zur besseren Lesbarkeit das generische Maskulinum und meine damit alle Geschlechter.

die Grippe« oder – um Herrgottswillen – »Unter Hitler war nicht alles schlecht«.

Allerdings wird ihm dann unter Umständen widersprochen. Er läuft Gefahr, dass man ihn kritisiert, belehrt, verspottet oder schneidet. Selbst Beschimpfungen und Shitstorms muss er in Kauf nehmen. Für viele wiegt diese soziale Ächtung schwerer als jeder Bußgeldkatalog – denn sie bedeutet einen Verlust an Status. Daher die häufige Klage, man werde doch wohl noch sagen dürfen ... Natürlich darf man! Fragt sich nur, um welchen Preis.

Was haben diese Beispiele mit Tabus zu tun? Ein Tabu ist ein ungeschriebenes, meist sogar unausgesprochenes Gebot oder Verbot, dem sich die Mitglieder einer Gemeinschaft verpflichtet fühlen und dessen Verletzung den Einzelnen teuer zu stehen kommt. Tabus prägen unseren zwischenmenschlichen Umgang (niemand, der Sie dumm oder nervig findet, sagt Ihnen das ins Gesicht), die Partnerwahl (Sex mit Minderjährigen oder Verwandten ist undenkbar) oder auch Esssitten (die Vorstellung, sein Haustier zu verspeisen, erscheint grotesk). Dass wir solcherlei Tabus gar nicht als auferlegte Pflicht, sondern als simple Selbstverständlichkeit empfinden, zeigt nur, wie tief wir sie verinnerlicht haben. Wirksame Tabus machen sich selbst quasi unsichtbar.

Die genannten Merkmale – Stillschweigen, Allgemeinverbindlichkeit und gravierende Sanktionen – gelten hingegen für die Dinge, die man wohl noch sagen darf, nicht unbedingt. Erstens wird viel über die Sinnhaftigkeit solcher Sprachcodes diskutiert. Sie bleiben also keineswegs unausgesprochen, sondern werden im Gegenteil oft hochemotional und unversöhnlich verhandelt. Zweitens fühlen sich längst nicht alle daran gebunden. Ihre Einhaltung wird zwar gern mit augenrollender Gereiztheit gefordert, so als verstehe sich das für jeden denkenden Menschen von selbst, doch sie erregen auch Widerspruch. Mancher empfindet sie als bevormundend und verweigert sich trotzig. Und drittens sind die Folgen solchen Zuwiderhandelns nicht immer furchteinflößend. Einige brüsten sich damit, die Maßgaben der Moralwächter aus Prinzip zu ignorieren, und sprechen den »Sprachpolizisten« das Recht ab, von ihrem hohen Ross herab zu bestimmen, wie man zu reden habe.

Vieles, was heute vermeintlich nicht gesagt werden darf, entspringt purer Unachtsamkeit. Man redet aus Gewohnheit so, wie es lange Zeit üblich war. Aber das ist nach verbreiteter Ansicht überholt. Man kann benachteiligte oder verfolgte Gruppen nicht mehr als Mohren, Zigeuner oder Indianer bezeichnen. Diese Vokabeln sind historisch belastet; wir wissen zu viel, als dass wir sie noch verwenden könnten. Und es ist wichtig, respektvoll und vorurteilsfrei zu kommunizieren, möglichst alle mit zu meinen sowie Minderheiten so anzusprechen, wie diese es selbst wünschen. So sehen es die Vertreter der einen Seite. Die der anderen erwidern: »Sonst noch was? Warum soll ich nicht reden, wie es früher auch niemanden gestört hat? Macht mich das etwa zu einem schlechteren Menschen? Muss die Sprache von allen Spuren der Geschichte, die uns heute suspekt sind, gereinigt werden?«

Keine schlechte Idee, finden progressive Sprachregulierer und plädieren dafür, belastete Wörter nicht nur aus dem Alltagsgebrauch, sondern auch aus distanzierteren, etwa akademischen Kontexten zu verbannen. Historikern, die Quellen aus der Zeit der Sklaverei zitieren, wird nahegelegt, das »N-Wort« zu vermeiden. Selbst Begriffe oder grammatische Formen, deren diffamierender Charakter weit weniger eindeutig ist, geraten ins Visier. Sind generische Maskulina wie Berufsbezeichnungen (Bäcker, Lehrer, Arzt etc.) oder »Teilnehmer« und »Experte« Residuen des Patriarchats und folglich inakzeptabel? Wie wichtig ist es, möglichst niemanden zu vergessen oder zu verletzen? Und wie geht das überhaupt? »Als Kind wollte ich Oberhaupt einer Gruppe amerikanischer Ureinwohner sein.« Oder: »Jahrhunderte lang florierte der Handel mit afrikanischen People of Color.« Suggerieren solche Formulierungen nicht bloß, die Vergangenheit könne korrigiert werden?

Eine sich daran anschließende Frage lautet: Wo zieht man die Grenze? Sollen Songs eines womöglich pädophilen Künstlers, Filme eines der sexuellen Nötigung verdächtigten Regisseurs, Romane von Autoren mit sonderbaren Ansichten oder auch Namen von Gebäuden, Straßen, Speisen, Kleidern, Tieren, Spielzeugen etc. – soll letztlich alles einem Gesinnungs-TÜV unterzogen werden? Und wer nimmt den ab?

Es geht längst nicht mehr nur um potenziell rassistische, sexistische oder stigmatisierende Wörter. Es geht ums Prinzip. In den Augen vieler fortschrittlich gesinnter Menschen ist ausgrenzende, belastete oder belastende Rede tabu. Respekt, Rücksicht und Anteilnahme heißen die Maßstäbe, an denen wir uns und unsere Ausdrucksweise messen lassen müssen. Die Sprache wird zur Kampfzone für eine bessere Welt. Den Gestus des Progressiven pflegen dabei vor allem Menschen aus bestimmten Milieus: Großstädter eher als Landbewohner, Gebildete eher als geringer Qualifizierte, Gutverdienende eher als sozial Schwache und Junge eher als Alte. Der ökonomische Status spielt eine wichtige Rolle. Sensible Sprache scheint ein Luxus zu sein, den sich nicht jeder leisten kann oder will. Sie ist eine Domäne urbaner Wohlstandsbürger. Diese vertreten ihre Maximen gern offensiv, vor allem in der digitalen Kommunikation; sie laden das, was sie als richtig und notwendig erachten, moralisch auf. Darin liegt eine auffällige Parallele zu klassischen Tabus: Sie wirken implizit, durch sozialen Druck und das Einflößen von schlechtem Gewissen. Tabus setzen einen Kodex, den niemand ignorieren kann, ohne seinen Status als respektabler, »guter Mensch« zu gefährden. Hier endet zugleich jede Diskussion.

Wer ausschert, wird vorgeführt. In den sozialen Medien ist »Shaming« an der Tagesordnung. Behauptet jemand, Frauen hätten beruflich oft nicht so hohe Ambitionen, sondern wollten sich lieber um den Nachwuchs kümmern, oder der Paygap existiere, weil sie weniger selbstbewusst als er um das Gehalt verhandelten, ist die Entrüstung groß. »Rückständig! Chauvinistisch! Reaktionär!« Nicht viel anders ist es, wenn jemand vor Gefahren warnt, die islamische Einwanderer ins Land bringen. Oder anmerkt, der Klimawandel bedeute nicht das Ende des Planeten und werde nicht in Deutschland aufgehalten. Oder findet, dass die Rechte von Minderheiten nicht nur von diesen selbst vertreten werden können. Oder zu bedenken gibt, dass erhöhte Aufmerksamkeit für seelische Nöte solche Nöte produzieren kann.

All dies lässt sich im Grunde ruhig und rational abwägen, aber meist scheitert das daran, dass solche Aussagen für die einen ein rotes Tuch, für die anderen ein Aufstand gegen das »Meinungsdiktat« sind. Jene lehnen ab, was aus ihrer Sicht nicht sein darf, und scheuen dabei weder Unterstellung noch Verleumdung. Diese reiten auf vermeintlichen Tabus herum und stilisieren sich als Kämpfer gegen Denk- und Redeverbote. Beides geht an der Realität vorbei.

Reden wir also von der neuen Lust am Tabu. Sie gehorcht dem uralten Prinzip des Loyalitätsbeweises: Wer nicht für uns ist, ist gegen uns. Dieses Denken dringt heute zunehmend von den Rändern des politischen Spektrums in die Mitte der Gesellschaft vor und verhindert eine offene, auf Vernunft und Verständigung zielende Debatte.

Moralisieren für die gute Sache

Das Wort »Tabu« stammt aus Polynesien. Der Weltumsegler James Cook brachte es von seiner großen Südseefahrt 1777 nach Europa mit, mutmaßlich aus Tonga. Lange wurde der Begriff nur auf Naturvölker angewandt, bis unter anderem der Psychologe Wilhelm Wundt (1832–1920) die Ansicht verbreitete, alle menschlichen Gemeinschaften – auch die »Kulturvölker« Europas – pflegten Tabus.

In *Totem und Tabu* schildert der Psychoanalytiker Sigmund Freud, wie das Wort »Tabu« zwei bedeutungstragende Elemente in sich vereint: einerseits »göttlich«, »geweiht«, und andererseits »verboten«, »unrein«. Sie verschmolzen zu einem Begriff, der sich am ehesten mit »heilige Scheu« übersetzen lässt. Die Tongaer bezeichneten damit unterschiedliche Dinge – Personen, Orte, Handlungen, Wörter –, die eines verband: Sie waren alle verpönt. Und zwar derart, dass niemand recht wusste, weshalb. Das Verbot fußte auf einer Art bösem Zauber, der jeden ergriff, der es übertrat. Das Tabu begründete sich selbst. Freud schreibt: »Es handelt sich um eine Reihe von Einschränkungen, denen sich die primitiven Völker unterwerfen; dies und jenes ist verboten, sie wissen nicht warum, es fällt ihnen auch nicht ein, danach zu fragen, sondern sie unterwerfen sich ihnen wie selbstverständlich und sind überzeugt, dass eine Übertretung sich von selbst auf die härteste Weise strafen wird« (Freud 1991, S. 69 f.).

Obwohl die aktuell diskutierten, verbalen Grenzpflöcke

keine Tabus im ursprünglichen Sinn sind, folgen sie einem ähnlichen Muster. Den Verweigerern drohen Sanktionen, die niemand explizit verordnet, deren Auswüchse dennoch unübersehbar sind: Ausgrenzung, Anfeindung, Gewaltandrohungen im Netz sowie eine grassierende »Cancel Culture«. Menschen mit fragwürdigen Ansichten (welche das im Einzelnen auch immer sind) werden von Podien ausgeladen, in ihrer Reputation beschädigt oder aus Ämtern und Jobs gedrängt. Attacken weit unter der Gürtellinie sind für manche, die im selben Atemzug respektvollen Umgang fordern, offenbar in Ordnung, wenn es um die gerechte Sache geht.

Die Krux lautet: Jede Seite hat in gewisser Weise recht. Scheinbar unvereinbare Tatsachen existieren parallel: Frauen wollen und wollen sich wiederum nicht emanzipieren; Migration bereichert und bedroht zugleich; seelisches Befinden wird sowohl pathologisiert als auch bagatellisiert; der Sozialstaat muss für jeden da sein, aber auch Hürden setzen; mehr Aufmerksamkeit für Leiden ist wichtig, fördert diese aber auch. Die Liste ließe sich unendlich fortsetzen. In jedem dieser Fälle ist es sinnlos, nur eine Sicht der Dinge zuzulassen. Dennoch neigen wir dazu. Weil es bequem ist. Weil es uns von der Bürde befreit, genauer hinzusehen und Widersprüche auszuhalten. Besser falsche Gewissheit als gar keine.

Ja, Frauen legen im Schnitt weniger Wert auf Karriere, doch das liegt auch an alten Rollenmustern. Sie verhandeln oft defensiver, und trotzdem gibt es die Unsitte, Männern für den gleichen Job mehr zu bieten. Integration gelingt oder gelingt nicht, egal wie viel man dafür tut. Worum es hier in

Wirklichkeit geht, sind nicht Fakten, sondern Appelle. Wir wollen die Welt nicht sehen, wie sie ist, sondern wie sie unserer Meinung nach sein soll. Dabei sind Tabuisierungen nützlich, denn sie helfen, Diskurse einzuhegen. Um der jeweils präferierten Sicht Geltung zu verschaffen, blenden sie einen Teil der Wahrheit aus oder dimmen sie herunter. Tabus sind Überzeugungstechniken.

Andererseits reden manche Leute Tabus auch nur herbei, um sich den Orden des Tabubrechers zu verleihen. Es ist erstaunlich, wie viel einige über Dinge reden, von denen sie zugleich meinen, man dürfe sie nicht aussprechen. »Ich lasse mir nicht den Mund verbieten!«, sagen sie und glauben, die Wahrheit werde tabuisiert. Dabei ist das, was sie sich zu sagen herausnehmen, oft blanker Unfug. Wie etwa zu behaupten, die Welt werde von einer kleinen Machtelite regiert, oder den Holocaust habe es nie gegeben. Sind solche Aussagen nicht statthaft, weil der »Mainstream« sie unterdrückt? Oder weil sie unwahr und gefährlich sind? Ist es tabu zu behaupten, die Erde sei eine Scheibe? Oder erwidert man darauf eben zu Recht: »Ach, hör auf mit dem Quatsch«? Falsches zu behaupten ist erlaubt, doch gerade weil es falsch ist, mag man es lieber nicht hören.

Von einigen pathologischen Fällen abgesehen, wissen Holocaustleugner sehr wohl, dass sie lügen. Sie bestreiten Auschwitz nicht, weil sie wirklich glauben, eine Weltverschwörung habe sich das alles nur ausgedacht, um den Deutschen ein schlechtes Gewissen zu machen. Sie leugnen es vielmehr zu genau einem Zweck: Um das Wunschdenken jener zu befriedigen, die das schlechte Gewissen nicht ertragen. Um sich als Speerspitze einer Bewegung zu präsentieren. Um einen Aufschrei zu provozieren.

Halten wir fest: Nicht alles, was als Tabu etikettiert wird, ist auch eines. Versuche der Tabuisierung und Enttabuisierung sind gleichwohl Mittel der gesellschaftlichen Auseinandersetzung. Menschen stellen gern Stoppschilder auf, um ihren eigenen Ansichten Vorfahrt zu gewähren und um begründete Kritik, Ansprüche und Zumutungen sofort abzuwehren. Oder sie reden vermeintliche Tabus herbei, um sich darüber zu beklagen, dass man ihnen die Freiheit raube. Dabei können sie alles sagen – sie müssen nur auch dafür geradestehen.

Tabus sind Versuche, Debatten zu steuern. Indem Argumente und Urteile ins Unsagbare verschoben werden, räumt man sie elegant beiseite. Man erklärt, Migrationskritik sei xenophob, Skepsis gegenüber Endzeitszenarien relativiere den Klimawandel, oder Unbehagen an der Identitätspolitik gründe auf der Ablehnung von Diversität und Gleichberechtigung. Es wird ein Bannkreis des »Das geht gar nicht!« gezogen, und schon braucht man sich keine Mühe mehr zu machen, Missliebiges zu entkräften. Man lässt sich einfach auf keine Diskussion ein.

Dreh- und Angelpunkt dieser Diskursregulierung ist das Moralisieren. Parkverbote oder Grammatikregeln begreifen wir gemeinhin nicht als ethische Verpflichtungen. Wir werfen denen, die dagegen verstoßen, nicht in erster Linie vor, schlechte Menschen zu sein. Viele Sprachwächter setzen dagegen allein auf diese Karte. Das kennt man aus dem Privaten: »Wenn du das tust, liebst du mich nicht!«; »Wenn du mir dies versagst, bist du gemein!« Beim Shaming in den sozialen Netzwerken finden solche Reflexe zahllose Mitstreiter, und schon wird ein Mob daraus.

Genau daran scheitern letztlich viele Tabuisierungsversuche, denn Moralisieren allein überzeugt nicht. Menschen lassen sich nicht gern in eine Ecke drängen. Belehrungen erzeugen bei ihnen Trotz, und so dienen die aufgeladenen Appelle mehr der eigenen Egopflege als der eigentlichen Sache. Würden die Moralhüter einsehen, wie kontraproduktiv ihr Tun ist, müssten sie wirksamere Strategien suchen, doch meist geschieht das Gegenteil: Dass die Ermahnungen verhallen, zeige doch nur, wie dringend nötig sie seien. Gerade weil es so viele Ewiggestrige gibt, brauche es eine Haltung. Die eigene Aufwertung bedarf der fremden Abwertung; es sind zwei Seiten derselben Medaille. Moralisieren soll die Welt vermeintlich besser machen, tatsächlich dient es jedoch vor allem zur Selbstauszeichnung.

Doch, Moment – sind »Mohrenkopf« und »Zigeunerschnitzel« nicht wirklich aus der Zeit gefallen und rufen erkennbar negative Stereotype auf? Ist es zu viel verlangt, sie durch bessere Ausdrücke zu ersetzen? Nein, natürlich nicht. Wir passen unsere Sprache an, um Herabwürdigungen zu vermeiden. Beim »N-Wort« ist das offenkundig, dennoch stellt sich die Frage, wie weit wir dabei gehen. Sind Shakespeares »Mohr« Othello und Mozarts Frauen verschleißender Don Giovanni noch bühnentauglich? Kann man Pippi Langstrumpf im Original lesen? Oder sollte man Worte, Einstellungen und Figuren annullieren, sobald sich jemand davon getroffen fühlt? Gibt es einen Anspruch – wenn nicht rechtlich, dann moralisch –, sich in der gewünschten Form verbal repräsentiert zu sehen? Zum einen besteht hier die Gefahr, dass eine »gesäuberte« Sprache existierende Missstände überdeckt – so als sagte man: »Wir gendern doch schon alles. Was wollt ihr noch?« Zum anderen macht man sich mögliche Sympathisanten durch moralische Vorhaltungen leicht zu Gegnern.

Der Psychologe Sebastian Herrmann schreibt: »Der moralische Vorwurf ist eine gefährliche Waffe, die häufig die eigene Seite trifft: Ihr Einsatz vergrault potenzielle Unterstützer« (Herrmann 2019, S. 198). Nehmen wir ein Essen unter Freunden: Sabine und Thomas leben vegan, Katja und Mike essen – trotz der ethischen, ökologischen und gesundheitlichen Vorzüge des Fleischverzichts – gelegentlich Steak und Wurst. Aber nur bio, versteht sich. Selbst wenn alle die Entscheidung der anderen respektieren, bleibt ein Befremden: seitens der Fleischesser, weil die Freunde ihre Haltung missbilligen; seitens der Veganer, weil karnivore Diät nun mal den Planeten ruiniere. Moralische Maßstäbe gelten, anders als Geschmacksurteile, nicht nur persönlich: »Ich liebe Wackelpudding! Du hasst ihn, das ist okay.« Was hingegen getan werden muss, um die Erde zu retten, betrifft wiederum alle. Die Psychologinnen Julia Minson und Benoit Monin berichteten in einer Studie von 2012, dass Fleischesser, die sich moralisch verurteilt fühlen, ihr Essverhalten meist umso mehr rechtfertigen. Sie entwerten die vermeintlich überlegene Sicht der Vegetarier, um ihren Status als »gute Menschen« zu erhalten.

Am Einhalten von Tabus erkennen wir, wer zu uns gehört und die Welt so sieht wie wir. Diese Orientierung brauchen wir heute umso dringender, da in unserer pluralen Gesellschaft Dazugehören zum Problem geworden ist. Zu welchen der zahllosen Gruppen und Grüppchen wollen wir, zu welchen können wir gehören? Und woran machen wir das fest? Diese Verwirrung lässt Tabus erblühen. Wer sie achtet, zeigt sich loyal –, wer sie bricht, ebenso. Die einen fordern gendergerechte Sprache und Respekt, die anderen klagen über politische Korrektheit und spinnen wirre Thesen von Überfremdung bis »Coronadiktatur«. Die Narrative können kaum absurder sein, denn wer sie teilt, beweist damit nur seinen unbedingten Wunsch dazuzugehören. Laut Forschern halten sich viele Irrlehren und absonderliche Praktiken aus genau diesem Grund oft so hartnäckig. Es geht dabei nicht um Wahrheit oder Reinheit, sondern um Loyalität. In einer Analyse von gut 80 religiösen Glaubensgemeinschaften in den USA zeigten Richard Sosis und Eric Bressler, dass jene Sekten, die ihren Mitgliedern besonders viel abverlangten, länger hielten. Ihre Stabilität hing davon ab, dass der Einzelne Verluste nicht nur an Besitz und Autonomie, sondern auch in Bezug auf sein Denken erlitt. Je mehr er aufgab, desto größer war die Kohäsion. Frei nach dem Motto: »Wenn ich selbst meine Vernunft opfere, muss es einen tieferen Sinn haben.« Wahnwitz schweißt zusammen.

Im Folgenden gehen wir der Frage nach, wie es zu solchen Verwicklungen kommt und welche Mechanismen dabei wirken. Die Prämisse lautet: Unsere Gesellschaft ist ein Markt der Meinungen, auf dem mit harten Bandagen um Einfluss und Loyalität gerungen wird. Dabei sind Tabus oder der Versuch, sie zu installieren, oft sehr nützlich. Sie helfen, andere in ihrem Denken und Handeln zu manipulieren, ohne dass man selbst autoritär auftreten muss. Zugleich erhöhen die Tabus den eigenen Status und stillen ein Bedürfnis, das tiefer als jedes andere in uns wurzelt: das nach Zugehörigkeit.

Dabei sein ist alles

Stellen Sie sich vor, ein guter Freund lädt Sie zu sich zum Essen ein. Sie speisen vergnügt zusammen, und schließlich fragt ihr Gastgeber: »Hat's dir geschmeckt?« Würden Sie, selbst wenn es wahr und gar nicht böse gemeint wäre, antworten: »Nein, das Essen war fad. Aber kochen konntest du noch nie«?

Szenenwechsel: Tante Jutta kommt zum Kaffee vorbei. Beim zweiten Stück Käsekuchen fängt sie wieder mit ihrem Lieblingsthema an, der »Coronahysterie«. Damit müsse doch endlich mal Schluss sein, so gefährlich sei das Virus gar nicht, impfen lasse sie sich jedenfalls nicht. Würden Sie sich räuspern und erwidern: »Unsinn, Tante! Das Virus wird vielleicht nur wenigen gefährlich, aber die Masse der Infektionen macht's – und Leute wie du sorgen dafür, dass diese Masse groß bleibt. Geh und lass dich impfen!« Je nachdem, wie Tante Jutta sonst auf Widerspruch reagiert, werden Sie sich gut überlegen, ob Sie etwas sagen oder nicht.

Letztes Beispiel: Sie haben ein Meeting mit Ihrem Abteilungsleiter, Kollegen und der »Diversity-Beauftragten«. Es geht darum, wie die Firma in Zukunft gendergerecht und inklusiv kommunizieren soll. Die Beauftragte schlägt vor, stets die männliche und weibliche Form in E-Mails zu verwenden, um damit ein Zeichen für Toleranz und Gleichberechtigung zu setzen. Sie erinnern sich, wie Kollegen kürzlich zotige Witze über die Praktikantin rissen und niemand einschritt. Sie finden eine offizielle Sprachregelung zwar gut, aber auch scheinheilig, solange solche Vorfälle totgeschwiegen werden. Und, heben Sie die Hand?

Drei Szenen, wie sie sich täglich abspielen. Ihr gemeinsamer Nenner: der Wunsch nach Zugehörigkeit. Wir wollen vor Freunden, Tante Jutta oder in der Firma nicht als Unsympath, Besserwisser oder Querulant erscheinen. Deshalb halten wir im Zweifel lieber den Mund. Auszusprechen, was man denkt, ist eine mehr oder weniger hohe Hürde – wie hoch wohl erst, wenn man beim kleinsten »Fehler« unmoralisch, respektlos oder vertrottelt dasteht? Aus diesem Unbehagen schlagen Tabuisten Kapital. Sie machen uns glauben, bestimmte Sprech- oder Handlungsweisen würden ein schlechtes Licht auf uns werfen, und treiben so den Preis dafür in die Höhe. So kann man Menschen subtil steuern. Man muss ihnen nur weismachen, dass sie Anlass hätten, sich zu schämen, wenn sie dies oder jenes tun. Das führt an den Urgrund des Tabus: Es wirkt nicht durch Erklärungen und Argumente, sondern durch das Auslösen von Scham.

Jede Gesellschaft besteht aus einer Fülle konkurrierender Interessen. In dieser Gemengelage agieren wir oft umso erfolgreicher, je besser wir unsere Interessen verschleiern. Was zählt, ist die überzeugende Inszenierung: Wir geben uns aufrichtig, authentisch, zeigen Anteilnahme oder Betroffenheit, bekunden Zuneigung und Engagement, lobhudeln und schieben Verantwortung ab. Dahinter steckt oft gar keine böse Absicht, es liegt einfach in der Natur der Sache.

Wir können nicht in die Köpfe unserer Nächsten hineinblicken; ihre Gedanken und Absichten bleiben uns verschlossen. Alle Signale, die wir nutzen, um uns durch den sozialen Kosmos zu navigieren, sind vermittelt, erzählt, vorgeführt. Die beste Inszenierung ist dabei meist jene, die eine Portion Wahrheit enthält. Darum hilft es, an die Illusionen, die wir uns über uns selbst machen, aufrichtig zu glauben: Wer wirklich meint, er sei kompetent, mitfühlend und vertrauenswürdig, überzeugt andere davon leichter. Das gegenseitige Bezirzen bedarf der vermeintlichen Echtheit, denn ein offenes »Hey, ich tu doch bloß so!« würde uns sofort unglaubwürdig machen. Um gar nicht erst in diese Versuchung zu kommen, glauben wir so gut es geht an die eigene Darbietung.

Vermutlich fällt es uns aus diesem Grund auch so schwer, Tabus als solche anzuerkennen. Sie sind nicht umsonst so schlecht angesehen, dass wir das Wort fast nur abwertend benutzen. Jeder soll sagen, was er will, soll jede Ansicht und Vorliebe, jeden Wunsch und Vorschlag äußern dürfen. Das zu unterbinden erscheint uns antiquiert, regelrecht boshaft – was es jedoch nicht ist. Die Abwertung des Tabus ist ein Schutzschild, hinter dem sich seine Wirkung umso leichter entfalten kann.

»Keine Tabus!« Das klingt mutig zupackend. Man hört es oft, wenn etwa eine Steuer- oder Rentenreform diskutiert wird. »Hier darf es keine Tabus geben«, heißt es. Was insofern lustig ist, als gerade auf diesen Feldern seit Jahrzehnten nichts oder jedenfalls nichts Grundlegendes passiert. Eine deutliche Anhebung des Rentenalters (oder Senkung des -niveaus) oder ein tatsächlich schlankes Steuerrecht sind tabu, so sehr es auch bestritten wird. Hängt beides vielleicht zusammen? Verdeckt die behauptete Tabulosigkeit, was an sich jeder weiß: dass man manches heiße Eisen besser nicht anpackt, weil man sich daran sonst nur die Finger verbrennt? Also lässt man es, betont aber das Gegenteil.

Tabus spielen sich nicht auf der Sach-, sondern auf der Appell- und Beziehungsebene ab. Wir behaupten (oder verschweigen) vieles nicht des Inhalts wegen, sondern um Aufmerksamkeit zu erregen, uns fremder Achtung oder Unterstützung zu versichern, um zu beeindrucken, zu täuschen oder uns gut zu fühlen. Es geht bei dem, was man noch sagen darf, mithin also weniger um das Sagbare, sondern vielmehr um das Signal. Was ich ausspreche oder nicht, offenbart, wo ich stehe; ich gebe mich damit anderen und mir selbst zu erkennen.

Im Englischen hat sich dafür der Ausdruck »virtue signaling« etabliert. 2015 machte der Journalist James Bartholomew dieses Wort für das plakative Zurschaustellen moralischer Haltungen (»Ich hasse SUVs!«) populär. Umgehend nutzte das neurechte Onlinenetzwerk Breitbart es als Kampfbegriff, um Appelle pro Klimaschutz, Gendern oder Antidiskriminierung pauschal zu diffamieren. Allzu leicht erscheinen uns ethische Ansprüche, mit denen sich jemand schmückt, selbstgerecht und vorgeschoben. Doch wie Neil Levy, Philosoph an der University of Oxford, betont, können selbst »Tugendprotzer« recht haben. Die Gültigkeit ihrer Argumente ist unabhängig vom Signal, das sie senden, auch wenn wir beides intuitiv vermischen. Getreu dem Motto »Tue Gutes und rede darüber« kann das Signalisieren eigener Werte selbst ein Baustein moralischen Handelns sein. Levy verweist auf eine Arbeit der Psychologen Julian Jordan und David Rand, in der Probanden ihre Empörung über ein Vergehen ebenso deutlich kundtaten, wenn sie aufgrund der Anonymisierung nicht persönlich damit in Erscheinung traten. Ihr Entsetzen fiel nicht schwächer aus, nur weil sie keine Lorbeeren dafür ernten konnten.

Das berührt einen wichtigen Punkt: Der Impuls, moralisch zu tadeln, kann authentisch und begründet sein. Er wurzelt in verinnerlichten Normen, deren Verletzung unerhört, ja schmerzhaft erscheint. Wenn sich Impfskeptiker Davidsterne ankleben und so tun, als hätten die Pandemiemaßnahmen irgendeine Ähnlichkeit mit der Judenverfolgung, finden das viele aus tiefer Überzeugung abstoßend. Doch bei der Frage, wie man mit dem Affront umgeht, ob man andere dafür abstraft und auf Tabus pocht, spielt die moralische Selbstpräsentation eine große Rolle. Moralisches Empfinden und »Tugendprotzerei« schließen einander nicht aus. Wer meint, beides gehe nicht zusammen, konstruiert einen falschen Gegensatz.

Es ist also niemand sofort der Bigotterie schuldig, weil er »mütend« (ein in den sozialen Medien beliebter Mix aus »müde« und »wütend«) mit dem Finger auf andere zeigt. Es kann gute Gründe für die Anklage geben. Ob es demjenigen um die Sache oder um persönlichen Statusgewinn geht, hängt von weitreichenden Fragen ab: Beschränkt sich der moralische Impetus aufs Reden und Tadeln? Vermeidet der Tadelnde Verständnis oder empathisches Nachvollziehen der kritisierten Untat? Steht seine Empörung im angemessenen Verhältnis zur Schwere des Vergehens? Missachtet er die eigenen Maßstäbe wie ein mit wohlfeilem Antikapitalismus hausierender »Champagnersozialist« oder Leute, die Respekt fordern, zugleich aber derb austeilen? Und löst er den Anspruch, das Gute zu fördern, wirklich ein oder erfüllt das Abkanzeln einen Selbstzweck? Der Hang zu Herdentrieb und symbolischer Ich-Präsentation im Internet hat dem Wunsch, Tabus zu setzen und zu brechen, einen enormen Aufschwung beschert. Sehen wir uns eines der am heftigsten umkämpften Schlachtfelder einmal genauer an.

Krieg der Sternchen

Sprache steht nie still: Sie atmet, lebt, altert und verjüngt sich. In den letzten Jahren wurde es zur Mode, sie von Altlasten befreien zu wollen. Befreien vom Geist einer Zeit, als der Mann das Geld verdiente, die Frau sich um Küche und Kinder kümmerte, und Minderheiten immer für einen Scherz gut waren. Mit diesen Bildern wollen sich die meisten von uns nicht mehr identifizieren – darin soll sich widerspiegeln, wie wir kommunizieren. Das Motiv dahinter ist einfach: Gleichberechtigung. Schutz für Schwächere. Nicht verletzend oder vorurteilsbehaftet über andere sprechen. Wer diesen Wunsch teilt, kann kaum anders, als ab sofort »Mitarbeiter*innen« oder »Forschende« zu schreiben und durch Sprechpausen das Mitmeinen aller anzuzeigen. Zwar umfasst das generische Maskulinum grammatisch durchaus beide (oder alle) Geschlechter, jedoch wollen viele die Sichtbarkeit des »anderen« erhöhen und gleiches Recht für alle signalisieren. Das ist legitim.

Und doch regt sich Unmut. Muss das wirklich sein? Wird die Sprache durch Gender-Sternchen, Doppelpunkte und andere Sonderzeichen nicht mutwillig verschandelt? Bei der Wahl zum Unwort des Jahres 2021 landete der Ausdruck »Sprachpolizei« auf dem zweiten Platz. Es gibt Situationen, in denen das Vermeiden generischer Maskulina (Bürgermeister, Mitfahrer, Partner) tatsächlich gestelzt wirkt. Ob man sich nun für längliche Reihungen (»Mitfahrerinnen und Mitfahrer«), Insider-Codes wie »*«, »_«, »·« und »:« oder für Partizipformen entscheidet (»Mitfahrende«; für »Partnernde« fehlt uns bislang noch die Fantasie) – eine Zumutung ist es allemal. Man kann es trotzdem gutheißen, weil Irritation Nachdenken auslöst. Ungewohnte Neuerungen tragen dazu bei, immerhin die Hälfte der Bevölkerung sprachlich zu repräsentieren. Wie Psycholinguisten um Anita Körner 2022 bestätigten, denken Menschen in der Tat stärker an weibliche Vertreter einer Zunft, wenn gegenderte Formen verwendet werden (erstaunlich, dass man dafür Belege aus dem Sprachlabor braucht).

Auf einem anderen Blatt steht allerdings, was damit gewonnen wurde: Nach dem initialen Denkanstoß setzt bei häufiger Verwendung früher oder später die Gewöhnung ein, die dazu führt, dass Wendungen konventionalisieren und ihren Signalcharakter einbüßen. Irgendwann ist »Studierende« einfach das Wort für ehedem »Studenten«. Warum man das Partizip einst wählte, verblasst. Zudem verschieben geschlechtssensible Änderungen das semantische Gefüge. Ist »Schülerinnen und Schüler« der Standard, lässt »Schüler« nun auf einmal offen, ob damit nur Jungs gemeint sind (sonst stünde ja die weibliche Form dabei), oder ob zur Einfachheit das generische Maskulinum verwendet wurde. Ein Begriff, über den sich vorher keiner Gedanken gemacht hat, wird plötzlich erklärungsbedürftig. Und schließlich setzen sich sprachliche Innovationen auch nie in allen Kontexten zugleich durch. Selbst der Duden, den viele für eine Art Gesetzbuch des Deutschen halten, nimmt für sich lediglich in Anspruch, den Alltagssprachgebrauch abzubilden. Doch wir sprechen nicht alle und nicht immer gleich. Je nachdem, wer mit wem warum kommuniziert, gibt es Soziolekte, Jargons, verschiedene Grade des sozial Erwünschten oder Opportunen. Gendern verstärkt diese Diversifikation, indem es neue Möglichkeiten eröffnet, die uns stets auch zu Entscheidungen zwingen: Wie viel Mitmeinen ist richtig? Wo wirkt es bemüht? Und wie will ich mich anderen gegenüber präsentieren?

Das Moralisieren des Mitmeinens (»Wer nicht gendert, hat etwas gegen Gleichberechtigung«) fördert die Zersplitterung. Je nach Milieu und Kontext passe ich meine Sprechweise an, und es erfordert sensible Antennen, um zu erkennen, wann welche Formen nötig oder angemessen sind. Ich kann, platt gesagt, nicht einfach reden, wie ich will. So verstärkt das Gendern die ohnehin wachsende Tendenz, dass sich Menschen in getrennten Sprechblasen bewegen.

Seit Karl Bühlers *Sprachtheorie* von 1934 unterscheiden Linguisten neben der Darstellungsfunktion von Sprache, kurz gesagt dem Sinngehalt einer Äußerung, auch den Appell- und Ausdruckscharakter. *Worauf* ich mich mit dem Gesagten beziehe, ist das eine, *wozu* und *zu wem* ich es sage und *wie* ich es (und mich zugleich) präsentiere, etwas anderes. Aus dieser Perspektive wird deutlich, dass Gendern primär auf die Außenwirkung zielt. Es setzt ein Zeichen: Es ist an der Zeit, alle mitzumeinen. Es würde hier zu weit führen, alle Argumente für und wider das Mitmeinen durchzudeklinieren. Daher will ich mich auf einen Aspekt beschränken: die große Emotionalität der Debatte. Wie kommt es, dass viele so erbittert um Sternchen und Partizipien streiten? Ist es nicht einfach nur zeitgemäß, sprachliche Konventionen im Sinn der Gleichberechtigung zu reformieren?

Das Problem ist die Doppelbödigkeit dieses scheinbar harmlosen Wunsches, denn das Gendern setzt viele Menschen wohl oder übel unter Druck. Wenn Sprechpausen oder Partizipien um sich greifen, sieht jeder plötzlich alt aus, der weiter generische Maskulina benutzt. Man fühlt sich an den Rand gedrängt; wird genötigt mitzuspielen oder sich zu erklären. Das erhitzt die Gemüter: Man kann sich nicht *nicht* zum Gendern verhalten, wird damit einfach nicht in Frieden gelassen. Für Dinge, die eben noch normal waren, muss man sich auf einmal rechtfertigen und Farbe bekennen. Diese Form der Nötigung hat das Zeug zum Aufreger.

Umgekehrt kompensieren manche die Last, indem sie das Gendern regelrecht dämonisieren. Hier zeigt sich das Eskalationspotenzial von Sprachgeboten: Je mehr sich die einen über die Rückständigkeit der Verweigerer empören, desto erbitterter keifen diese zurück. Darüber gerät die Arbitrarität sprachlicher Zeichen aus dem Blick. Die Beziehung zwischen Zeichen und Bezeichnetem ist – Sie werden es kaum glauben – beliebig. Ob die Lautfolge *Baum*, *tree* oder *arbre* große Gewächse meint, hat keinerlei tieferen Grund. Diese Wörter wurden im Laufe der Zeit gebräuchlich, doch im Prinzip könnten es auch ganz andere sein. Diese Beliebigkeit anzuerkennen hilft, die Realität nicht mit ihrem sprachlichen Ausdruck gleichzusetzen. Diesem Irrtum erliegt nämlich, wer eine Sprechweise unmittelbar an das Denken und die Weltsicht des

Sprechers knüpft, denn zu gendern verändert die Denkweise von Menschen oder die Rolle von Frauen in der Gesellschaft zunächst keinen Deut. Es birgt sogar umgekehrt die Gefahr, dass eine »korrekte« Sprechweise als Signal für Gleichberechtigung dient, ohne dass diese wirklich gelebt wird.

Oder nehmen wir folgenden Fall aus dem Bereich der Medizin: Sagt man besser »Autist« oder »Mensch mit Autismus«? Das ist, manchen Sprachwächtern zufolge, alles andere als egal! Der Ausdruck »Mensch mit Autismus« unterscheidet zwischen der Person und ihrer Eigenart. Der Betreffende erscheint, ähnlich wie ein »Mensch mit Ängsten« oder ein »Jugendlicher mit Pickeln«, vom Autismus getrennt. Das treibt aus Sicht von Betroffenenvertretern einen Keil zwischen beide. »Wer die Störung bekämpft, bekämpft den Menschen«, heißt es in einem Aufsatz britischer Autismusforscher um Monique Botha von 2021. Andere Befürworter destigmatisierender Sprache argumentieren hingegen genau umgekehrt: Statt »Übergewichtige« solle es »Person mit Übergewicht« heißen, denn dem Menschen gebühre Vorrang vor der Störung. Gefragt sei »Person-first language« statt »Labeling«.

Soll nun der Mensch zuerst kommen oder muss man ihn mit seiner körperlichen oder geistigen Eigenart identifizieren? Das kann man so oder so sehen. (Der Unterschied zwischen Adipositas und Autismus liegt wohl darin, dass man erstere weniger »wesensmäßig« mit der Person verknüpft.) Allerdings wird die jeweilige Präferenz oft stark moralisiert, so als wolle, wer die andere Form wählt, die Betroffenen entmenschlichen und ihre Identität zerstören.

Weshalb werden grammatische Details wie die Reihenfolge von Subjekt und Prädikat oder die Anheftung von Eigenschaften per Konjunktion zu Fragen von Wohl und Wehe stilisiert? Nach dieser Logik dürfte es gar keine bedeutungslosen Formalismen in der Sprache geben, keine zufälligen, inhaltlich irrelevanten Eigenschaften sprachlicher Zeichen. Alles hat eine tiefere Bedeutung, verweist auf eine Haltung. Rückt nicht das Englische »How *are* you?« das Sein viel stärker in den Fokus als das deutsche »Wie *geht* es dir?« Denken Deutsche deshalb irgendwie »beweglicher« als US-Amerikaner? Nichts Sprachliches dem Zufall zu überlassen, zeugt von einer Hypersensibilität, die alles mit Bedeutung auflädt. Doch wir schreiben Bedeutung zu; sie ist nicht einfach gegeben. Daher rührt die vermeintliche Unfehlbarkeit sprachpolizeilicher Verdächtigungen: Sobald man einen Ausdruck als inakzeptabel etikettiert, ist er das. Und so wird unversehens verdächtig, wer von »Übergewichtigen« oder »Menschen mit Autismus« spricht.

Autismus ist ein weites Feld. Die »Spektrum-Störung« reicht von schwerer Behinderung bis zu hochfunktionalen, sozial unsicheren Menschen. Gravierende Formen gründen auf einer genetisch bedingten Entwicklungsstörung; milde dagegen – Menschen mit wenig Sinn für Ironie etwa – haben damit vermutlich nichts zu tun. Kurz: *Den* Autisten gibt es nicht. Dennoch wurde das Kunstwort »neurodivers« populär, da es suggeriert, Autisten seien nicht gestört, sondern nur anders, ausgestattet mit eigenen Talenten und Bedürfnissen. Das Label »neurodivers«, wie sein Pendant »neurotypisch«, ist insofern kurios, als es keinen empirischen fixierbaren Maßstab, kein Kriterium dafür gibt, wann es zutrifft oder nicht. Jedes Gehirn ist divers, man kann kein Muster angeben, das eines »typischer« als das andere erscheinen ließe. So entstand im Namen der Anti-Stigmatisierung ein neues Stigma, das sich beliebig vergeben lässt. »Neurodivers« klingt gut und wissenschaftlich fundiert, ist aber im Grunde ein inhaltsleerer Etikettenschwindel.

Zeit für ein Zwischenfazit: Man kann Redeweisen verändern, um auszudrücken, was einem wichtig ist. Nur sollte man nicht glauben, die Veränderung bliebe dort stehen. Die Sprache wandelt sich ständig weiter, durch Gewöhnung, Umdeutung, Ironisierung, Übertragung auf neue Zusammenhänge. Begriffe wie »schwul«, »queer« oder »Nigger« wurden von den so einst verunglimpften Gruppen selbst zur stolzen Eigenbezeichnung umfunktioniert. Ein Akt der Selbstermächtigung, der das Verletzende nicht tilgt, sondern es benutzt, um sich nicht mehr verletzen zu lassen. Wörter und Redeweisen zu tabuisieren, unterbindet solche kreativen Verschiebungen. Es scheint dann so, alles könne man alles sagen, doch unter der Oberfläche lauern viele No-Gos.

Was können wir aus dem Genderstreit lernen? Zunächst einmal können wir froh darüber sein. Einst dienten Tabus dem gnadenlosen Machterhalt: Wer sich dem Gesetz der Herrschenden beugte, genoss Privilegien; alle anderen wurden geächtet und verfolgt. Niemand durfte aus der Reihe tanzen. Dem König den Rücken zukehren? Undenkbar! Selbst Minister und Hofleute mussten unter Verbeugungen rückwärts abtreten. Die Unfehlbarkeit des Papstes anzweifeln? Das konnte einem teuer zu stehen kommen. Mit Beginn der Aufklärung im späten 18. Jahrhundert befreite sich das Individuum von vielen solcher Zwänge. Nach und nach schrumpfte die Sphäre der Tabus, weil sich gesellschaftliche Macht auf immer mehr Schultern verteilte. In einer Welt ohne absolutistischen Herrscher und Kirchendogma ist niemand stark genug, Tabus per Dekret durchzudrücken.

Manche fragen sich heute: Gibt es überhaupt noch Tabus? Leben wir nicht in einer Zeit totaler Enthemmung? Alles kann, nichts muss? Doch wie das Gendern offenbart, wandeln sich Tabus zwar, aber sie verschwinden nicht. Sie dienen heute nicht mehr dem Machterhalt einer Elite, sondern dem Versuch, eine Sparversion von Macht, die Deutungshoheit, zu erringen. Und das nur in einem eingeschränkten Geltungsbereich wie zum Beispiel an Unis, im Kulturbetrieb oder in Unternehmen.

Der Kampf um Deutungshoheit hat freilich nicht nur negative Seiten. Er gibt Menschen Arbeit und das Gefühl, eine sinnvolle Aufgabe zu haben. An Universitäten, vor allem an den hierzulande wie Pilze aus dem Boden schießenden privaten Hochschulen, etablieren sich besonders in den Sozial- und Geisteswissenschaften viele »Forscheraktivisten«, die sich in den Dienst der guten Sache stellen und explizit als Teil emanzipatorischer Bewegungen verstanden werden wollen. Sie setzen ihre Expertise – ob empirisch oder theoretisch – unter einen fragwürdigen Vorbehalt: Was, wenn die Daten oder Argumente den gesetzten Zielen nicht genügen? Soll man Fragestellungen, Befunde oder Methoden, die nicht ins gewünschte Bild passen, ausblenden? Wer nicht ergebnisoffen und mit einem Minimum an kritischer Distanz seinen Forschungsgegenstand betrachtet, hat ein Glaubwürdigkeitsproblem. Da hilft auch der Hinweis wenig, Forschung sei ohnehin nie zu 100 Prozent neutral – denn das bedeutet noch lange nicht, dass das Ziel der Neutralität obsolet wäre. Eher das Gegenteil ist der Fall.

Auch im »Diversity Management« der Wirtschaft hat sich eine wahre Sensibilisierungsindustrie entwickelt. Seit kein größeres Unternehmen mehr ohne entsprechende Abteilung auskommt, brummt das Geschäft mit Fortbildungen und Trainings, die oft auf unsinnigen Konzepten und Methoden beruhen und vor allem bei einem helfen: den schönen Schein zu wahren. Man bemüht und engagiert sich doch sehr! Kritik daran wird als Ressentiment gewertet. Das erschwert es vielen, offensichtliche Schaumschläger und Gespensterjäger beim Namen zu nennen. Man will schließlich nicht als Ewiggestriger dastehen. Doch wir brauchen aussagekräftige Kriterien, um gute Wissenschaft von Aktivismus und hilfreiche Trainings von bloß gut gemeinten oder von kommerziellem Bullshit zu trennen. Wir müssen sagen können, wo es zum Selbstzweck und zur Fassade wird, wenn alle paar Wochen das nächste nichts bringende Anti-Bias-Coaching auf dem Programm steht. Sinn und Unsinn gehen oft fließend ineinander über. Aber nur, weil es schwierig sein kann, sie auseinanderzuhalten, dürfen wir nicht aufhören, es zumindest zu versuchen.

Schreckgespenst der Spaltung

Sehr oft ist heute von einer zunehmenden Polarisierung und Spaltung der Gesellschaft die Rede. Das klingt, als stünde das Gros der Bürger auf einer von zwei Seiten: Hier die Sensiblen, da die Beleidigten; hier die Moralisten, da die Querdenker. Doch dieses Bild täuscht. Beide Lager sind schlicht kleine, bunt zusammengewürfelte Minderheiten. Auf Demos gegen die Coronamaßnahmen liefen Yogis neben Staatsfeinden, Love-and-Peace-Bewegte neben Wutbürgern und Freiheitsapostel neben Verdrussprofiteuren. Aufgrund ihrer losen, online geknüpften Bande tauften die Politikwissenschaftler W. Lance Bennett und Alexandra Segerberg im Unterschied zu fest gefügten Kollektiven solche Ad-hoc-Bündnisse »Konnektive«. Das Konnektiv der Pandemie- und Impfskeptiker eint eine Opferhaltung, da sie sich durch Regeln gegängelt fühlen, deren Sinn und Zweck sie nicht einsehen. Hinter der Lust, Opfer zu sein, steht jedoch der Drang nach Selbstüberhöhung. Viele Anhänger von Yoga und Achtsamkeit kennzeichnet laut psychologischen Studien wie etwa der von Ross Vonk und Anouk Visser aus dem Jahr 2021 eine »Illusion der spirituellen Überlegenheit«: Sie bilden sich ebenso viel auf ihr »höheres Bewusstsein« ein wie Verschwörungsgläubige; beide schmeicheln ihrem Narzissmus mit Umsturz- und Erweckungsfantasien.

Wie groß diese Gruppen wirklich sind, lässt sich nur schätzen. Laut Erhebungen der Non-Profit-Organisation »More in Common« von 2020 (Großbritannien und USA) umfassen die »progressiven Aktivisten« etwa 8 bis 13 Prozent der Bevölkerung. Noch einmal so viele finden sich am politisch rechten Rand. Die große Mehrheit dagegen besitzt ein Mindestmaß an Vertrauen in Medien, Wissenschaft und Demokratie und ein Gespür für Übertreibungen und krude Thesen. Wer die Spaltung der Gesellschaft beschwört, zeichnet also kein realistisches Bild, sondern will oft nur verhindern, dass man den Extremen klare Kante zeigt. Wer warnt, man dürfe die Gräben nicht vertiefen, plädiert für Narrenfreiheit. Deshalb beschwören Radikale selbst gern die zunehmende Radikalisierung, denn mit dem Finger auf andere zu zeigen, wäscht sie vermeintlich vom Verdacht rein, sie selbst könnten radikal sein. Doch statt Gräben gibt es nach wie vor einen Konsens der Vernünftigen, denen Argumente mehr gelten als Rechthaberei.

Ein weiterer Trick der Randgruppen: anderen Sichtweisen die Legitimität absprechen. Mancher könne einfach nicht mitreden, weil er das Schicksal derer, um die es geht, nicht teile. Kinderlose können nicht über Erziehung urteilen, Heterosexuelle nicht über Schwule und »alte weiße Männer« nicht über junge Migranten. Was verstehen die denn schon davon?! Sicher, sie wissen nicht aus erster Hand, wie es ist, Eltern, schwul oder auf der Flucht zu sein, doch kann man sie deshalb vom gesellschaftlichen Diskurs ausschließen? Weil Privilegierte nichts von Benachteiligung wissen? Und wo beginnt »privilegiert«? Wer bestimmt das? Tatsächlich kann potenziell jeder Sinnvolles beitragen. Ob er es tut, hängt nur von den Argumenten und vom Grad der Einfühlung ab; weder Hautfarbe und Vermögen noch Identität sind Gründe, ihn davon abzuhalten.

Auf die Inkompetenz anderer zu verweisen, verfängt häufig, weil wir intuitiv meinen, so etwas könne nur von höherer Warte aus beurteilt werden. Man müsse wenigstens etwas intelligenter oder aufgeklärter sein, um solche Defizite bei seinen Nächsten zu erkennen. Das stimmt jedoch schon deshalb nicht, weil es keine echten, sondern nur behauptete Defizite sind. Um anderen Dummheit vorzuwerfen, braucht man selbst keinen Deut besser zu sein. Im Gegenteil: Ein Quantum Engstirnigkeit erleichtert es durchaus.

Wir sind von einer Spaltung der Gesellschaft hierzulande also noch ein gutes Stück entfernt. Wie sie aussähe, lässt sich in den USA beobachten. Nach einer 2022 erschienenen Studie von Forschern um Curtis Puryear glaubt ein beachtlicher Teil der republikanischen und der demokratischen Wähler, die Vertreter des jeweils anderen Lagers billigten Steuerhinterziehung, Kinderpornografie oder Tierquälerei. Ein Viertel der befragten Konservativen gab an, die Demokraten hätten kein Problem mit sexueller Gewalt gegen Minderjährige. Jenseits des Atlantiks haben sich die Narrative der Linken und Rechten weitgehend voneinander abgekapselt und religiöse Züge angenommen. Anders in Deutschland: Hier gilt für die meisten immer noch der Grundsatz, jeder habe zwar das Recht auf eine eigene Meinung, aber nicht auf eigene Fakten.

Das Spiel um Moral und Status spiegelt gleichwohl die Partikularisierung der Gesellschaft wider. Viele Autorität gebietende Sinnentwürfe wurden zurückgedrängt, alte Kollektivismen und Rituale haben an Verbindlichkeit verloren. Im Wirrwarr der Gesinnungen, Cliquen und Subgruppen suchen wir nach Indizien der Zugehörigkeit – nach etwas, das uns zeigt, dass wir dazugehören, anerkannt und gut sind. Die Folge: Jedes Grüppchen kocht sein Süppchen auf dem wärmenden Herd der Tabus.

Wodurch das Dazugehören bewiesen wird, hängt stark vom Milieu ab, das einen umgibt. Im Dorf kann Kritik am Pfarrer oder an der Religion verpönt sein; im urbanen Hipsterquartier macht sich dagegen verdächtig, wer noch ein gutes Haar an der Kirche lässt. Vermutlich haben Menschen, die in feste Strukturen eingebunden sind, Tabus weniger nötig. Wer genau weiß, wo er hingehört, muss sich diese Gewissheit nicht erst verschaffen. In der verwirrenden Vielfalt der Großstädte ist der Drang, sich durch Tabus erkennbar zu machen, hingegen größer. Vieles hat Signalcharakter: Wie ich rede, mich kleide und mich gebe; selbst Frisuren, Marken und Gesten. Es fällt jedoch schwer, Verwender dieser Signale auf eine Haltung festzulegen, denn Dreadlocks tragen längst nicht mehr nur gechillte Typen, und ausrasierte Nacken lassen sich nicht nur Rechte stehen. Man erkennt die Gesinnung anderer oft nicht so sehr daran, was sie tragen oder sagen – sondern an dem, was sie unterlassen.

In dem 2020 erschienenen Roman *Allegro Pastell* des Autors Leif Randt geht es um ein junges Paar, Tanja und Jerome, das hochsensibel reflektiert, was ihr eigenes Tun und Lassen sowie das ihrer Umwelt aussagt. Welche Gesten oder Wörter können wie gedeutet werden? Wofür stehen Musik,

Bücher und Filme, die man mag? Was sagen sie über einen aus? Wonach sehen Kleidung und Habitus aus? Welche Gerichte passen zu einem? Sind die Reisen, die man macht, die Gedanken, die man hat, passend? Das Leben der Protagonisten dreht sich beinah pausenlos um ihre Außenwirkung. Tanja und Jerome sind abgeklärt, weltgewandt und zugleich zwanghaft bemüht, richtig rüberzukommen. Randts Buch wurde von der Kritik als Porträt der Millenial-Generation gelobt. Es macht die aktuelle Konjunktur des Fremdschämens oder des »cringe« (das Jugendwort des Jahres 2021) auf eindrucksvolle Weise nachvollziehbar.

Wer »cringt«, schämt sich für die Peinlichkeit anderer, selbst wenn diese den Auslöser selbst nicht bemerken oder nicht als peinlich empfinden. Es handelt sich um eine Scham stellvertretend für jene, denen es an Empathie, Geschmack oder Geschick mangelt. Beobachtet der Cringer jemanden, der Unpassendes sagt, Klischees bedient oder die falschen Klamotten trägt, fühlt er sich unangenehm berührt. Je näher ihm der Betreffende steht, desto ausgeprägter die Scham. Dafür spielt es keine Rolle, ob der peinliche Mensch seinen Fehltritt bemerkt oder ob er, wenn er ihn bemerkt, gar kein Problem damit hat. (Populisten setzen Fremdscham übrigens strategisch ein: Sie provozieren Entrüstung und verletzen Schamgrenzen, um zu zeigen, dass sie keine kennen und auch ihre Anhänger davon befreien können. Dafür zu sorgen, dass sich andere nicht mehr schämen, ist ihr Erfolgsrezept.)

Randt führt seinen Lesern vor Augen, wie intensiv viele junge Menschen sich heute selbst beobachten. Sie wissen um ihre eigene Signalkraft, und das ist ein fruchtbarer Boden für Tabus. Weil unsere Gesellschaft in so viele Gruppen und Strömungen zerfällt, sind solche Abwägungen ebenso schwierig wie unentbehrlich geworden. Was verrät es über mich, wenn ich dies und jenes sage? Wie sieht es aus? Mit wem mache ich mich da gemein? Wirkung tritt an die Stelle von Überzeugung. Besser gesagt, sie verschmelzen miteinander: Ich glaube, was mir gut ansteht. Und was könnte einem besser anstehen, als seinen Nächsten gegenüber zugewandt, offen und wohlwollend zu sein?

Von der Verletzlichkeit

Der wohl meistgenannte Grund, weshalb bestimmte Äußerungen, Fragen oder Wörter verbannt gehören, lautet: weil sie verletzen. Weil ihre Verwendung anderen wehtut, Wunden aufreißt, Traumata aufgrund früherer Demütigungen oder Diskriminierungen wieder akut werden lässt. Diese Sichtweise ist Symptom einer Fragilisierung der Psyche, die viele Bereiche unseres Alltags dominiert – von der Kindererziehung und Partnerschaft über die Stressprävention und Mitarbeiterführung bis hin zur Lebenshilfe. Sie lässt sich unter anderem am inflationären Gebrauch des Wortes Trauma ablesen.

Umgangssprachlich gibt es fast nichts, was nicht traumatisieren könnte: eine mittelmäßige Kindheit, eine verpatzte Chance, eine Niederlage, ein mieser Flirt, ein falsches Wort vom Chef, eine Einschränkung persönlicher Autonomie. »Trauma« war ursprünglich ein medizinischer Fachbegriff für physische Verletzungen, später übertrugen Psychiater ihn auf seelisches Leid infolge lebensbedrohender Ereignisse wie Unglücke oder Gewalterfahrungen. Mitte der 1990er-Jahre führten dann die Herausgeber des Diagnostischen und Statistischen Manuals der psychischen Störungen, kurz DSM, ein neues Kriterium zur Diagnose der Posttraumatischen Belastungsstörung ein: den gefühlten Schrecken. Das war einerseits sinnvoll, da vermindertes Wohlbefinden neben Flashbacks (plötzlich hereinbrechende Erinnerungsfetzen) oder Schlafproblemen zu den Kernsymptomen der Störung zählt.

Andererseits hatte die Verschiebung ins Subjektive auch einen Preis: Auslöser und Gegenstand der Traumatisierung waren fortan zweitrangig; sie hing allein von der Bewertung durch das Opfer ab. So wichtig diese ist, birgt eine darauf verengte Sicht das Risiko, dass sich die Sphäre des Traumas auf alltägliche Begebenheiten ausdehnt. Sobald sich jemand – warum auch immer – verletzt wähnt und eine Situation als leidvoll empfindet oder sie auch nur dazu erklärt, ist sie das. Prompt lauern überall unzumutbare Verletzungen.

Der Punkt, um den es hier geht, ist selbstverständlich nicht, dass man Gefühle von Menschen relativieren, anzweifeln oder entwerten sollte. Wer leidet, leidet – und das ist nicht schön. Für psychisches Leid ist es zudem belanglos, ob Dritte es »gerechtfertigt« finden oder nicht. Angstpatienten fürchten Dinge, die den meisten von uns keine Angst einflößen. Dennoch ist die Angst der Betroffenen real, belastend und behandlungsbedürftig.

Doch hier lauern einige populäre Trugschlüsse: Erstens überwindet man psychisches Leid nicht dadurch, dass man die Auslöser in der Umwelt und Umgebung abstellt oder meidet, sondern indem man sie neu bewertet. Vermeidungsverhalten wie bei einem flugängstlichen Menschen, der unter gar keinen Umständen einen Flieger besteigen will, ist nicht die Lösung, sondern Teil des Problems. Nicht mit anderen zu sprechen, weil man Ablehnung fürchtet, verfestigt die soziale Phobie statt sie zu lindern. Zweitens suggeriert der heute verbreitete Traumabegriff, jedes Leid sei unmittelbar und unvermeidlich an einen Auslöser geknüpft, doch es wurzelt weniger in einer fremden Handlung oder einem Ereignis, als in der subjektiven Reaktion darauf. Hier muss man klar unterscheiden: Opfer von rassistischer Diskriminierung oder Vergewaltigung sind auf ganz andere Weise »betroffen« als Opfer des generischen Maskulinums. Einfach gesagt: Erstere *wollen* nicht leiden, Letztere hingegen durchaus. Wodurch und wie stark wir uns verletzt fühlen, unterliegt vielfältigen individuellen und sozialen Bewertungsprozessen. Und der Ausweg – wenn man ihn denn sucht – kann nur darin liegen, die Bewertung zu verändern, und nicht etwa, sie zum Maßstab für fremde Rede- und Verhaltensweisen zu machen. In einer Atmosphäre der vorauseilenden Verletzlichkeit wird Leid quasi unvermeidlich.

Nehmen wir einen Menschen, der durch einen Unfall sein Kind verloren hat. Ein furchtbares, bestürzendes Schicksal, das Anteilnahme und Trost verlangt. Niemand würde den Betreffenden über die Umstände des Todes ausfragen, ihn mit dem Verlust aktiv konfrontieren. Man sollte ihn eine gewisse Zeit schonen und Rücksicht nehmen. Gleichwohl kann es auf lange Sicht nicht darum gehen, die Erinnerung an das Erlittene zu tilgen, etwa indem das soziale Umfeld nie mehr den Namen des Kindes erwähnt. Das Leid kann so lange nicht überwunden werden, wie solche zunächst vollkommen verständlichen Wünsche fortbestehen. Jene Leiden, die vermeintlich durch tabuisierte Sprache ausgelöst werden, verknüpfen wir hingegen reflexhaft mit dem Appell zur Rücksichtnahme: »Ich leide, also musst du …«, »Was du sagst, belastet mich, also rede anders«, »Was du tust, finde ich schlimm, also unterlass es«. Ist das zu viel verlangt? Nein, gar nicht. Dennoch lässt sich soziales Miteinander nicht auf solch erzwungene Rücksichtnahmen und Konfliktvermeidungen gründen. Wer das bestreitet, konstruiert eine Opferrolle, die das Individuum auf ein bloß passives Erleiden reduziert, das es so gar nicht gibt.

Die Konjunktur des Traumas ließ Redeweisen, Gesten oder persönliche Präferenzen zu gravierenden Gefahren für die psychische Unversehrtheit von anderen werden. Das wiederum ermöglicht es, fremde Handlungsspielräume zu lenken und zu begrenzen, indem man sich von gewissen Dingen verletzt fühlen *will*. Die Folgen beschreibt der Journalist Matthias Lohre so: »Die Sprache des Traumas durchdringt unseren Alltag. Einerseits verleiht sie psychisch Schwerverletzten eine Stimme. Immer häufiger aber dient sie als Machtinstrument, um Menschen unter moralischen Druck zu setzen, um eigene Anliegen durchzusetzen« (Lohre 2019, S. 113). Viele Sprachtabus gründen auf einem diffusen Gefühl der Bedrohung. Alles scheint prekär zu sein: die Psyche gefährdet, der Körper belastet, die Arbeit unsicher, der Zusammenhalt bedroht. Auch in der Gender- und Critical-Race-Theorie dominiert das Primat der Verletzlichkeit. Dass Wörter wie »Indianer« Menschen (re)traumatisieren, kulturelle Aneignung sie ihrer Identität beraubt oder die Verwendung mancher grammatischen Formen emotionale Krisen auslöst, solche Prämissen sind empirisch kaum zu belegen. Manchmal ist sogar eher das Gegenteil der Fall: Laut Studien können sogenannte Trigger-Warnungen zum Beispiel kontraproduktiv sein. Probanden, denen man vor Lektüre eines Textes ankündigt, darin könnten emotional belastende Wörter auftauchen, fühlten sich danach stärker belastet als solche, die denselben Text ohne Vorwarnung lasen. Die Wahrnehmung der Betreffenden engte sich auf das zu erwartende Übel ein. Nun kann man argumentieren, solche Warnhinweise sollen gerade dabei helfen, der Gefahr rechtzeitig aus dem Weg zu gehen, indem man den Text (oder Film, Vortrag etc.) nicht weiterverfolgt. Nur wirft das die Frage auf, woher man weiß, was man vermeiden soll, ehe man es zur Kenntnis genommen hat.

Die Logik der Unzumutbarkeit ähnelt selbsterfüllenden Prophezeiungen. Die Erwartung einer Bedrohung begründet diese selbst. Wer X als toxisch, stigmatisierend oder verletzend bewertet, macht es auch *durch* diese Sichtweise dazu. Zu behaupten, Schmerz beruhe immer auf einer Bewertung, wird oft als neoliberale Schuldzuweisung gedeutet: Der Schwarze Peter solle damit dem Individuum zugeschoben werden, nicht den Verhältnissen oder dem strukturellen Unrecht. Diese Gegenüberstellung – hier die Leid erzeugenden Verhältnisse, dort das passiv leidende Individuum – ist jedoch zu eindimensional. Statt Risiken abzuwenden, schafft sie neue: Redeweisen werden unzumutbar, *weil* man sie für unzumutbar erklärt. Die Gründe für solche Zuschreibungen sind vielfältig. Einer lässt sich als »instrumentelle Dünnhäutigkeit« beschreiben.

Ein Beispiel dafür lieferte im Herbst 2021 die Autorin Jasmina Kuhnke, als sie einen Aufritt auf der Frankfurter Buchmesse absagte, weil sie sich von einem der Bühne benachbarten Stand des rechten Jungeuropa-Verlags bedroht fühlte. Andere sprangen ihr zur Seite: Wenn eine schwarze Autorin auf der Buchmesse nicht sicher sei, stimme etwas nicht. Aber vielleicht stimmt auch etwas mit dieser Argumentation nicht? Braucht man eine Bedrohung nur zu behaupten, damit sie real ist? Kuhnke hätte sagen können, sie empfinde den rechten Verlag als Zumutung, sie habe keine Lust, in dessen Nähe zu sprechen. Sie hätte den Veranstaltern vorwerfen können, dass sie Jungreaktionären einen so prominenten Platz zuwies. Stattdessen sprach Kuhnke von Bedrohung, so als würden ihr zwischen Bücherstapeln rechte Schläger auflauern.

Wer will es ihr verdenken? Kuhnke lehnt Rechte ab. Und das Schlagwort von der Bedrohung wirkt: Wer andere einschüchtert, hat auf einer Buchmesse nichts zu suchen. Es ist menschlich, das so zu framen. Denn, wie schon Arthur Schopenhauer in seiner *Kunst, Recht zu behalten* schrieb: »Es kommt ja nicht auf die Wahrheit, sondern den Sieg an« (Schopenhauer 2014, S. 50). Um Kuhnke beizupflichten, verwies die Bloggerin und Moderatorin Mai Thi Nyugen-Kim auf den Philosophen Karl Popper: Dessen »Toleranz-Paradoxon« besage, dass man gegenüber Intoleranten nicht tolerant sein könne. (Das Interview ist verfügbar unter: https://www.daserste.de/information/wissen-kultur/ttt/sendung/titel_thesen_temperamente-132.html [29.04.2022].) Doch ein Paradox hilft hier kaum weiter. Man muss es auflösen, indem man den darin enthaltenen Denkfehler erkennt. Der besteht darin, dass Toleranz eben keine feste Kategorie ist. Es gibt kein Entweder-oder zwischen tolerant und intolerant, sondern ein Kontinuum verschiedener Grade und Formen. Es geht also immer um Abwägungen. Natürlich soll und muss man auch »Intoleranten« gegenüber tolerant sein, und zwar vor allem aus zwei Gründen. Einem strategischen: Ausschluss bringt Intoleranz nicht zum Verschwinden, sondern macht sie noch zum Opfer und verfestigt somit das, was man eigentlich bekämpfen will. Und einem prinzipiellen: Wer Intoleranz übt, nimmt für sich in Anspruch, selbst zu wissen und entscheiden zu können, wo sie zu gelten hat. Das kann aber auch jeder andere, indem er jene Intoleranz, die sich moralisch gebärdet, wiederum geißelt. Die Folge ist diskursiver Stillstand. Toleranz bedeutet nicht klammheimliche Zustimmung, sondern lässt Debatten und Streit zu, die letztlich besser dazu geeignet sind, falsche und gefährliche Sichtweisen ins Aus zu bugsieren. Wer Verletzlichkeit zum Prinzip macht, tut das Gegenteil.

Wie sensibel sind wir wirklich?

Das Paradox unserer Zeit lautet: Nie ging es uns besser – und nie fühlten wir uns gefährdeter, verletzbarer. Wer nicht vorbehaltlos angenommen wird, kann kein Selbstwertgefühl entwickeln. Wer zu wenig Freunde hat, droht an Einsamkeit zu erkranken. Wer entscheidende Zeitfenster verpasst, kann den Verlust nie mehr wettmachen. Auch viele Tabus gründen auf dem Gefühl, seelische Beschädigungen seien einerseits leicht möglich und andererseits unbedingt zu vermeiden.

Die Philosophin Svenja Flaßpöhler sieht in der gesteigerten Sensibilität von heute einen großen kulturellen Fortschritt. Wir hätten uns von finsteren, gewalttätigen Epochen wie dem Mittelalter entfernt, seien empathisch und umsichtig geworden, übten »von Scham begleitete Affektregulation« (Flaßpöhler 2021, S. 41). Ob es eine gerade historische Linie vom Haudrauf zur empfindsamen Seele wirklich gibt, ist allerdings fraglich. In dem von Drill und Sittenstrenge geprägten 19. Jahrhundert etwa war noch viel mehr tabu, und der Zwang zur Affektregulation größer als heute. Dennoch gingen die Menschen nicht zimperlich miteinander um. Und Sensibilität schließt bekanntlich selbst furchtbare Grausamkeit nicht aus, wie empathische Sadisten und Geige spielende KZ-Wächter beweisen.

Eine Reihe von Widersprüchen lässt zudem daran zweifeln, ob die mutmaßliche Sensibilität der woken Gesellschaft tatsächlich wörtlich zu nehmen ist. Erstens teilen viele Advokaten, die sich angeblich der Rücksichtnahme verschreiben, selbst gar nicht rücksichtsvoll gegenüber Andersmeinenden aus. Selbst Anhänger der sanften Medizin oder der gewaltfreien Kommunikation können zu Furien werden, sobald man die Homöopathie oder krude Küchenpsychologie kritisiert.

Zweitens betonen etwa Aktivisten aus der LGBTQ+-Szene, sie wollten diskriminierende Rollenbilder aufbrechen; zugleich erschaffen sie jedoch neue. Geschlecht sei fließend und sozial konstruiert, Männlichkeit aber per Definition toxisch. Den »Neurodiversen« stellt man »neurotypische« Normalos gegenüber. Und wer es plausibel findet, dass Gedichte von Schwarzen nur von Schwarzen übersetzt, Transpersonen im Film nur von solchen gespielt oder Romane über Figuren einer Ethnie nur von Autoren derselben Ethnie geschrieben werden sollen, der betreibt das Gegenteil von Antidiskriminierung.

Drittens schließlich argumentieren Vertreter der Identitätspolitik, über die Ansprüche von Benachteiligten könne nur urteilen, wer deren Leid selbst erfahren habe. Doch die so reden, haben es meist ebenso wenig erfahren, sondern führen einen Stellvertreterkampf. Ihr Begriff von Authentizität läuft sogar den eigenen erklärten Zielen zuwider. Bewegungen wie MeToo oder Black Lives Matter konnten nur deshalb etwas bewirken, weil sich Millionen nicht betroffene, privilegierte Menschen solidarisierten. Ginge es wirklich um Fortschritt, müsste man »alte weiße Männer« und »Boomer« gewinnen statt sie auszugrenzen.

Ist die angebliche Verletzlichkeit also nicht echt? Handelt

es sich um ein Mittel zu dem Zweck, Recht zu bekommen und andere Sichtweisen zu torpedieren? Sicher nicht immer, aber oft. Wie auch jene Fälle verdeutlichen, in denen sich Menschen selbst zu Verfolgten erklärten, um daraus politisch oder aufmerksamkeitsökonomisch Kapital zu schlagen. Die US-Feministin Meg Lanker-Simons postete 2013 im Netz anonym Hasstiraden gegen sich selbst, um danach zu klagen: »Seht, wie sehr sie uns verachten!« (vgl. Storr 2021, p. 181). Aufsehen erregte auch der Fall der Historikerin und Bloggerin Marie Sophie Hingst, die sich als Nachfahrin einer im Holocaust verfolgten jüdischen Familie ausgab. Ihr mutmaßlicher Suizid 2019, kurz nachdem die Fassade zusammenstürzte, zeigt, dass mitunter tragische Schicksale dahinterstecken. Der psychologische Dreh jedoch ist universell: Opfer haben immer recht. Darin liegt ein attraktiver Mehrwert von zur Schau gestellter Verletzlichkeit.

Was können wir daraus lernen? Menschen sagen oft »Ich kann nicht«, wenn sie eigentlich »Ich will nicht« meinen. Sie erklären sich selbst zu passiv Erleidenden, ob aus Überzeugung (Was glauben wir nicht alles, das uns nützt!) oder trotz besseren Wissens. Wenn es dann aber sein muss, kann man eben doch. Gesellschaft funktioniert nur, wenn sich ihre Mitglieder solches Können zu gewissem Grad gegenseitig abringen. Wenn sie sich mit wohldosiertem Druck gegenseitig zeigen, was alles geht, und voneinander Anstrengung verlangen. Niemand weiß, was er kann, bevor er es *wirklich* versucht. Nur tun wir das oft nicht aus freien Stücken. Wir müssen zu unserem Können (und Glück) auf gewisse Weise gezwungen werden. Insofern gehört zum Miteinander stets auch eine Portion Gegeneinander – nicht zu verwechseln mit dem Kampf aller gegen alle. Nur weil wir uns gegenseitig bedrängen, sind wir uns nicht spinnefeind. Wir bleiben aufeinander angewiesen, können uns gegenseitig inspirieren und Vorbilder sein.

Manche Menschen schalten dagegen in einen Klagemodus, der ihnen den ersehnten Grund für die Klage oft frei Haus liefert: Man wirft dem Partner so lange Faulheit vor, bis er tatsächlich keine Lust mehr hat, einen Finger zu krümmen. Man stöhnt so sehr darüber, dass es keine wahren Freunde gibt, bis der letzte entnervt den Kontakt abbricht. Es erfordert nur etwas Geduld, dann stellt sich der Anlass zum Jammern wie von selbst ein.

Die Herausforderung liegt darin, zu begreifen, dass beides zugleich der Fall sein kann: Wer lauthals klagend mit dem Finger auf andere zeigt, kann es dennoch schwer haben. Wer seinen Spleen zur Krankheit erhebt, benötigt vielleicht trotzdem Hilfe. Man muss genau hinsehen und sich ein differenziertes Bild machen. So wichtig es ist, für Notlagen sensibel zu sein, der ängstliche Fokus darauf produziert auch selbst Leid. Man muss über Krankheit aufklären, selbst wenn das manche dazu verleitet, sich darein zu flüchten. Das Argument lässt sich auch umdrehen: Wo wir auf Verantwortung pochen, haben es willige Opfer schwer. Doch auch hier gilt: kein Entweder-oder! Die vermeintliche Sensibilität dient zwar oft anderen Interessen, aber gleichwohl gibt es Schmerz und Zurücksetzung. Wir müssen beides im Blick behalten.

Kein Leben ohne Vorurteil

Angenommen, Sie reisen spät abends im Zug und müssen mal auf die Toilette. Sie wollen ihre Tasche samt Laptop aber nicht unbeaufsichtigt lassen und überlegen, welchen Mitreisenden Sie bitten könnten, ein Auge darauf zu haben. Zur Auswahl stehen: ein älterer, etwas grimmig blickender Herr, der ein Buch von Thilo Sarrazin liest; ein junger Mann, den Sie dem Äußeren nach für maghrebinisch oder arabisch halten und der emsig auf dem Handy herumspielt; eine Studentin, die vor einer Weile ihr *Lehrbuch Organische Chemie* einpackte und seitdem unter Kopfhörern und dem Hoodie ihres Sweaters versunken zu sein scheint. Wen sprechen Sie an?

Was Ihnen in diesem Moment durch den Kopf geht, ist geprägt von Vorurteilen. Und zwar unvermeidlich, denn Sie kennen die drei Fremden nicht, wollen sich aber ein Bild von ihrer Vertrauenswürdigkeit machen. So geht es uns ständig. Wir besitzen nicht genug Informationen und wollen (oder müssen) trotzdem Entscheidungen fällen. Dabei greifen wir auf Stereotype zurück – grobe Verallgemeinerungen und Zuschreibungen hinsichtlich der Frage, wie andere Menschen sind, was man von ihnen erwarten kann und wie man mit ihnen umgehen soll. Solche Kurzschlüsse mögen eine gewisse Basis haben (Studentinnen sind im Schnitt offener als ältere Herren), im Einzelfall liegt man damit dennoch häufig falsch.

Ihr Alter Ego im Zug denkt womöglich: Ein alter Stoffel mit Faible für Rechtspopulisten mag ja gewissenhaft sein, aber solche Leute mag ich nicht. Die Studentin wäre vermutlich hilfsbereit, macht aber gerade nicht den Eindruck, als wolle sie gestört werden. Also der arabisch aussehende Handy-Daddler. Oder weht da etwa ein Hauch von Cannabis zu mir herüber?

Klar, ich übertreibe. Doch so oder ähnlich lauten, wenn wir ehrlich sind, nun mal die Schubladen, in die wir andere einsortieren. Sich das bewusst zu machen, kann dem Risiko vorbeugen, dass wir anderen Menschen allzu starre Schablonen überstülpen. Doch ausschalten lässt es sich nicht, da wir sonst zu gar keiner Entscheidung kämen.

Nun gibt es zwei Prämissen, an denen niemand, dem sein Ruf lieb ist, öffentlich rüttelt: das Primat der Gleichheit und das der Gerechtigkeit. Wir wollen, dass alle gleich sind, und betonen das auch. Doch natürlich sind wir das nicht. Chancen sollen gerecht verteilt sein. Doch natürlich sind sie das nie. In welches Umfeld ich geboren wurde, welche Gene ich besitze, ob ich freundlich zugewandte Menschen treffe oder solche, die mir böse mitspielen, ob meine Eltern mich geduldig bestärken oder abwinken (»Aus dem wird eh nichts«), dass Frauen als empathischer, aber technisch weniger begabt gelten, dass sozial Schwache auf der Bildungsleiter im Schnitt nicht so hoch steigen – all das und vieles mehr ist nicht gerecht.

Dann soll es wenigstens gerecht*er* zugehen! Frauen sollen auch Mechaniker und Männer Erzieher werden. Hartz-IV-Empfänger sollen etwas aus ihrem Leben machen können. Menschen sollen ohne Ansehen von Geschlecht, Herkunft oder Status Chancen bekommen. Nur Talent und Ehrgeiz mögen über all das entscheiden, doch auch diese Kompetenzen sind weder gleich noch gerecht verteilt. Und obendrein kann sie niemand sicher beurteilen. Jeder zugelassene Student, jeder neue Mitarbeiter, jeder bewilligte Kredit ist eine Wette auf die Zukunft. Und jede Wette fußt auf Mutmaßungen. Man kann den Einfluss ungerechtfertigter, hinderlicher Stereotype abmildern, indem man etwa mehrere Verantwortliche am Auswahlprozess beteiligt und objektive Daten statt bloßes Bauchgefühl zu Rate zieht. Vorkehrungen wie etwa anonyme Bewerbungsverfahren können die Macht der Vorurteile eindämmen. Tilgen wird man sie dennoch nie ganz. Spätestens beim ersten persönlichen Gespräch, beim Zusammentreffen von Kollegen oder Kommilitonen sind sie wieder im Spiel.

Zudem kollidieren oft legitime Interessen mit dem Primat von Gleichheit und Gerechtigkeit: Firmen wollen belastbare, fähige Bewerber den weniger belastbaren und fähigen vorziehen. Unis wollen junge Leute mit dem größten Potenzial fördern. Kreditgeber und Vermieter sind auf zuverlässige Zins- und Mietzahlungen aus. Sie alle suchen und markieren zwangsläufig Unterschiede, sortieren Menschen nach Eignung und Prognose. Es gibt keine Gesellschaft, in der nicht diskriminiert wird, weil das eine Grundlage für das erfolgreiche Verfolgen von Interessen ist. Schon wenn ich mich auf einer Zugfahrt frage, wer auf mein Gepäck achtgeben könnte, diskriminiere ich.

Stereotype werden dem Einzelfall nicht gerecht, was aber auch nicht ihr Zweck ist. Es sind grobe Faustregeln zur raschen Orientierung bei akutem Mangel an Informationen. Wir liegen damit oft daneben, nur ist das im Schnitt immer noch besser, als gar nicht zu wissen, woran man ist. Meist haben wir keine Zeit und keine Möglichkeit, andere genau zu studieren, und wollen nur halbwegs gefahrlos mit unserem Gegenüber zurechtkommen. Dafür sind manche Stereotype, so ungern wir das auch zugeben, durchaus geeignet. Der Psychologe und Nobelpreisträger Daniel Kahneman bewies, dass grobe Heuristiken trotz aller Schwächen und Fehler hilfreich sein können – besonders dann, wenn es schnell gehen muss.

Sollten wir statistisch beobachtbare Merkmale, auf denen Stereotype fußen, dennoch besser ignorieren? Empirisch ist beispielsweise völlig klar, dass Frauen sich mehr für soziale Berufe, Männer dagegen für technische interessieren. Wollen wir so tun, als gäbe es solche Präferenzen nicht? Was ist die Alternative? Differenzen auszublenden, schafft sie nicht ab. Man sollte versuchen, möglichst begründete, nicht bloß herbeifantasierte Stereotype zu nutzen. Schlimm sind vor allem solche, die auf Legenden und Ressentiments gründen und keinerlei Ausnahme, keine flexible Anpassung dulden. Doch selbst das »beste« Stereotyp bleibt eine Verallgemeinerung.

Ein Leben ohne Vorurteile gibt es definitiv nicht. Was freilich nicht heißt, dass wir ihnen hemmungslos folgen sollten. Wer das tut, konstruiert kategoriale Unterschiede, meint also etwa, Frauen könnten *von Natur aus* dieses oder jenes nicht (wie zum Beispiel einparken) oder besser (Kinder betreuen). Solche Verabsolutierungen sind Unfug. Dennoch trauen wir Menschen – je nach Geschlecht, Herkunft und Status – natürlich Unterschiedliches zu. Wir trauen Frauen eher zu, empathisch zu sein. Wir trauen Migranten eher zu, nicht perfekt deutsch zu sprechen. Wir trauen konservativen alten Männern eher zu, nicht allzu sozial veranlagt zu sein. Das ist nicht gerecht, aber naheliegend.

In den 1990er-Jahren entwickelten Psychologen um Anthony Greenwald an der University of Washington ein Verfahren, um unbewusste (»implizite«) Vorurteile zu messen. Dieser Implizite Assoziationstest (auch IAT genannt) basiert auf der Messung von Reaktionszeiten. Das Grundprinzip ist folgendes: In einer ersten Lernphase reagieren die Probanden auf bestimmte Reize auf der linken bzw. rechten Seite eines Bildschirms mit dem Drücken bestimmter Tasten. Dabei werden die Hinweisreize (zum Beispiel Wörter) ohne Wissen der Teilnehmer gewichtet: Links erscheinen etwa vermehrt positive Adjektive wie »liebevoll«, »verlässlich« oder »hilfsbereit«, rechts eher negative (»abweisend«, »kalt« etc.). Im darauf folgenden Testdurchgang tauchen auf der linken oder rechten Seite mitunter Gesichter auf – mal von Frauen, mal von Männern, mal von Weißen, mal von Schwarzen. Auf diese soll möglichst schnell mit Drücken der Taste auf der entsprechenden Bildschirmseite reagiert werden. Sind die gemessenen Zeiten auf der (unbewusst) positiv besetzten Seite länger als auf der negativen, hegt derjenige offenbar Vorurteile – so die Testlogik. Sonst würden Bilder von Schwarzen wohl kaum zügiger mit negativen Kategorien verknüpft werden.

Diese Schlussfolgerung erntete seither vielfach Kritik. So ist fraglich, ob nicht bereits die bloße Sehgewohnheit Verzögerungen bei der Reaktion auf schwarze Gesichter erklären kann. Und ob wenige Millisekunden Differenz es rechtfertigt, Menschen rassistische Vorurteile zu unterstellen, von denen diese selbst nichts ahnen. Die Popularität des IAT sorgte dennoch dafür, dass implizite Vorurteile zu einem überaus beliebten Betätigungsfeld für Trainer, Coachs und Diversity-Manager wurden.

Stereotype sind Extrapolationen gefühlter Wahrscheinlichkeiten. Sie lassen sich nicht abschaffen – nur leugnen. Das Tabuisieren automatischer Stereotype führt dabei geradewegs in ein Dilemma: Wir können weder mit ihnen noch ohne sie leben. Weder dulden wir sie, noch streifen wir sie ab. Wer Letzteres glaubt, dem beweist der IAT womöglich das Gegenteil. Was tun? Es bieten sich zwei Auswege: Das Team »Wunschdenken« leugnet die Fakten und behauptet stoisch, wir könnten und müssten Vorurteile ausmerzen. Das Team »Bigotterie« tut hingegen nach außen aufgeklärt, pflegt insgeheim aber weiter Stereotype. Wir sagen: »Natürlich können Frauen alles genauso gut wie Männer« – doch insgeheim wissen wir es besser. So kann demonstrative Vorurteilsfreiheit Stereotype sogar fördern. Nicht umsonst gehen Engstirnigkeit und Scheinheiligkeit häufig Hand in Hand.

Freilich gibt es noch einen dritten Ausweg, und der besteht darin, Vorurteile als graduell aufzufassen. Manche sind, je nach Kontext, beleidigend und hinderlich, andere aber spenden Orientierung. Letztere kann, ja muss man durchaus tolerieren, denn – jetzt kommt's! – sie sind nicht das Problem! Das Problem sind Rassisten und Rassismen, für die man kein IAT-gemäßes Stochern im Unbewussten benötigt, um sie zu erkennen. Wer gegen jede Denkschablone das große Geschütz auffährt und sie als sexistisch, rassistisch oder verwerflich bezeichnet, entkräftet weder das Stereotyp, noch reduziert er dessen Verbreitung. Das Verbotene drängt sich oft sogar umso hartnäckiger auf, wie etwa in jenem klassischen Experiment des Psychologen Daniel Wegner. Er bat Menschen, eine Zeit lang nicht an einen weißen Elefanten zu denken. Prompt stand dieses Bild den Probanden fast unvermeidlich vor Augen.

Inwiefern bedrohen Stereotype überhaupt die Identität von Menschen? Die Berliner Grünen-Chefin Bettina Jarasch sagte in einem Interview im Landeswahlkampf 2021, sie habe als Kind Indianerhäuptling werden wollen. »Wie kann man nur!«, zürnte die Netzgemeinde. Annalena Baerbock erklärte, man müsse bedenken, dass sich Menschen von diskriminierenden Begriffen verletzt fühlen. Doch wen genau verletzt das Wort »Indianerhäuptling«? Man mag es falsch finden, rückständig, historisch belastet –, aber verletzend? Sind die Nachkommen indigener Amerikaner in Deutschland gemeint? Oder jene in den USA, die es sicher sehr interessiert, wovon Frau Jarasch als Kind träumte? Oder Forscher, die das Schicksal der Ureinwohner studieren? Nein, Adressat solcher Sprachspiele, inklusive reumütiger Entschuldigung und gelobter Besserung, ist die Gemeinde der woken Moralisten selbst. Man macht wertschätzende Sprache zum Aushängeschild, um die eigene Gemeinde in ihrer Treue zu den selbst proklamierten Werten zu bestärken. Mit der Identität und den Gefühlen von echten Indigenen hat das so gut wie nichts zu tun.

Identität, so der Philosoph Tim Henning, ist die Summe der Erzählungen, die wir über uns konstruieren. Solche Narrative werden laufend aktualisiert, umgedeutet, ergänzt, erweitert. Identität ist im ständigen Fluss. Identitäts*politik* dagegen gründet auf festen Zuschreibungen, wie etwa die der Benachteiligung und Verfolgung der Betreffenden. Das erlittene Unrecht wird zum Kern der Identität erklärt. Es definiert eine ganze Gruppenidentität, zu der das Individuum qua Zugehörigkeit verdammt ist, selbst wenn sein eigener Erfahrungshorizont davon abweicht. Nicht jeder Schwarze oder Homosexuelle erleidet Demütigungen, und viele lernen auf ihre Weise, Stereotype einzuordnen und damit umzugehen. So wenig wir den existierenden Rassismus verharmlosen dürfen, so wenig hilft es, ihn als Monstranz vor sich herzutragen.

Identitätspolitische Bewegungen kreisen zudem meist um eine »externe Validierung«, also um Zuspruch und Anerkennung durch andere. Doch entsteht Identität nicht auch durch Reibung an der Umwelt? Wer ich bin oder sein will, erschließt sich mir, indem ich mich von den unangemessenen oder indifferenten Reaktionen anderer abgrenze. Wenn Tante Gertrud meint, »Jungs tun so was nicht«, gibt mir das die Chance, eigene Kriterien dafür zu finden, was Jungs aus meiner Sicht tun (sollen) oder nicht. Fremde Zumutungen helfen, ein autonomes Selbst zu entwickeln. Es von allseitiger Zustimmung abhängig zu machen, liefe darauf hinaus, dass niemand ein stabiles Selbstbewusstsein erlangen kann, der nicht laufend bestärkt und unterstützt wird. Also keiner. Wir müssen auch als Schwule, Schwarze oder Autisten damit leben, dass andere vom Schwulsein, Schwarzsein oder Autismus nicht viel verstehen und sich nicht sonderlich dafür interessieren. Wir müssen Stereotype von anderen genauso akzeptieren, wie wir selbst auch niemals frei davon sind (so gern wir das auch glauben mögen). Der Gegenentwurf dazu heißt, sich persönlich angegriffen zu fühlen, sobald uns Unverständnis oder Indifferenz begegnet. Das ist in einer hoch differenzierten Gesellschaft wie der unseren jedoch unvermeidlich. Wer sein Wohl und Weh vom steten Zuspruch anderer abhängig macht, infantilisiert sich selbst.

Es geht hier ausdrücklich nicht um diffamierende Herabsetzung. Es geht darum, dass wir anderen unvermeidlich mit einer guten Portion Unkenntnis und mit bestimmten Erwartungen begegnen. Eine offenkundig fremd aussehende Person zu fragen, woher sie oder ihre Familie stammt, ist durchaus legitim und zeugt von Interesse. Wenn sich die Befragten darüber ereifern und die Nachfrage für unerträglich, gar rassistisch erklären, werden sie zu Kindern, die nicht begreifen, wieso sich andere nicht denken können, dass sie in Hamburg-Altona aufwuchsen und folglich einfach deutsch sind.

Kritik an ihren starren, kollektivistischen und infantilisierenden Zuschreibungen erklären identitätspolitische Aktivisten meist für unstatthaft, weil ihr Spiel um Anerkennung und moralische Selbstaufwertung sonst in Gefahr gerät. Doch was hilft's? Manchmal geht es nicht darum, sich besser zu fühlen oder gemocht zu werden, sondern einfach zu sagen, wie es ist.

Bigotterie-Maschine

Die neue Lust am Tabu ist nicht zuletzt ein Nebenprodukt des tiefgreifendsten kommunikativen und sozialen Wandels seit Erfindung des Buchdrucks: der Digitalisierung. Sie veränderte binnen kurzer Zeit radikal, wie wir miteinander in Kontakt treten, Informationen austauschen und Allianzen bilden. Das hatte gravierendere Folgen als je eine technische Innovation zuvor. So werden viele moralisch aufgeladene Scheindebatten von einem mächtigen Katalysator des Schwarz-Weiß-Denkens angetrieben, den die meisten von uns in der Hosentasche mit sich herumtragen – den sozialen Medien.

Ich will nicht die vielen, hinlänglich bekannten Gründe wiederholen, weshalb die Aufmerksamkeitsökonomie des Internets ein Ausmaß an Desinformation, Hass und Empörung generiert, dessen Folgen wir gerade erst zu erahnen beginnen. Untersuchungen von Cyberpsychologen um William Brady und Jay van Bavel bestätigten, dass hoch emotionale, mit Wut oder Scham operierende Posts online weiter und länger ausstrahlen als eher sachorientierte, unaufgeregte Meinungsäußerungen. Das Geschäftsmodell der Techkonzerne basiert maßgeblich darauf, dass sich die Nutzer gegenseitig in immer neue Erregungswellen stürzen. Wie der Psychologe Christian Montag von der Universität Ulm erklärt, ist das Grundprinzip dahinter das Eintauchen: »Social-Media-Unternehmen haben ein Interesse daran, immersive Formate zu gestalten, in die man regelrecht eintauchen kann, um die Online-Zeiten zu verlängern« (vgl. Möhring-Geisler 2021, S. 26). Ein Mittel dazu sind soziale Vergleiche: Wie stehe ich im Verhältnis zu anderen da? Bin ich genauso schön, schlank, sportlich, beliebt, interessant, klug, witzig und up to date wie sie? Vergleiche »nach oben« wirken dabei als Ansporn, es den Reichen, Schönen und Kreativen gleichzutun; »nach unten« blicken wir dagegen vor allem, um das eigene Selbstwertgefühl zu stärken. Wie Forscher um Alexandra Fleischmann in mehreren Experimenten demonstrierten, gibt es kaum ein Gebiet, auf dem wir uns noch lieber nach unten – also mit vermeintlich Unterlegenen – vergleichen als das der Moral. Im Verhältnis zu der Schmach, die wir empfinden, wenn wir ein bisschen dicklich oder nicht hip genug zu sein scheinen, ist der Gedanke, wir könnten ungerecht, egoistisch oder nachtragend sein, viel bedrohlicher. Auch aus diesem Grund ist die moralische Selbstaufwertung im Netz omnipräsent. Das liefert einen idealen Nährboden für Tabuisierungen.

In diesem Zusammenhang erscheint mir ein oft übersehener Aspekt beachtenswert: der seltsam symbolhafte, stellvertretende Charakter der Online-Kommunikation. Einst waren die sozialen Kontakte vieler Menschen auf relativ wenige Personen beschränkt, die man zumeist (mehr oder weniger) gut kannte: Angehörige, Freunde, Kollegen, Nachbarn, Lehrer, Bäcker, der Postbote und der Kioskbesitzer, hin und wieder mal jemand Fremdes auf der Straße oder im Lokal. Heute kommunizieren wir gefühlt mit der ganzen Welt. Der Austausch in sozialen Netzwerken ist nicht nur unpersönlich, da er in der Regel ohne direktes Gegenüber stattfindet, was die Hemmschwellen für Beleidigungen bis hin zu offenen Drohungen deutlich herabsetzt. Zudem dominiert im Netz eine Art Beobachtung aller durch alle. Wir begegnen uns hier selten im Eins-zu-eins, sondern unsere Posts und Nachrichten richten sich potenziell an jeden – mindestens an eine größere, diffuse Gruppe. Selbst beim scheinbaren Zwiegespräch unter Usern sind immer auch andere anwesend; jeder, der im gleichen Netzwerk unterwegs ist, kann Zeuge werden. Diese Megafon-Kommunikation verleiht digitalen Äußerungen etwas unerhört Demonstratives; man präsentiert sich mit den eigenen Haltungen und Eigenschaften (Kompetenz, Kritik, Dominanz etc.). Jeder Tweet wird zum Schaufenster in die eigene Seele, jeder Kommentar eine Verlautbarung zur Lage der Welt.

Hinzu kommt die große Quellenunsicherheit. Wer was warum in den virtuellen Raum stellt, ist nicht ohne Weiteres nachvollziehbar. Die niedrigschwellige Informationsweitergabe fördert ein Zerfasern – manche nennen es auch Demokratisieren – der Meinungsströme. An die Stelle von alten Institutionen, die Wissen sichten, aufbereiten und verbreiten, wie Verlage, Forschungseinrichtungen und Behörden, treten zunehmend Leute wie du und ich. Insignien von Expertise wie Titel oder Ämter spielen kaum noch eine Rolle; Autorität wird simuliert. Jeder kann alles behaupten, und was geteilt wird, hat Wert.

Die unerwünschten Nebeneffekte der digitalen Kommunikation haben erschreckende Formen angenommen. Hass und

Idiotie greifen in einer Weise um sich, wie sie die Netzpioniere mit ihren Visionen von Schwarmintelligenz und hierarchiefreier Debattenkultur kaum für möglich hielten. Absurde Narrative wie Geschichten von Kindesblut trinkenden Politikern in Pizzeriakellern, von Mikrochips implantierenden Bösewichten oder unfruchtbar machenden Impfungen sind nur die Spitze des Eisbergs. »Nun ja«, sagen viele, »Unsinn wurde doch schon immer geglaubt und verbreitet.« Das Problem, mit dem wir heute konfrontiert sind, ist jedoch, dass der Unsinn im Netz oft derart seriös auftritt und von einem moralisch aufgeladenen Sperrfeuer begleitet wird, dass er für viele kaum mehr zu durchschauen ist.

Bereits in den 1970er-Jahren prägte die Meinungsforscherin Elisabeth Noelle-Neumann den Begriff der Schweigespirale. Demnach besitzen wir sensible Antennen dafür, welche Meinungen im öffentlichen Raum dominieren. Um selbst nicht ins Abseits zu geraten (Noelle-Neumann sprach von »Isolationsfurcht«), vermeiden wir Äußerungen, die der gefühlten Mehrheit widerstreben oder widersprechen. Das kann dazu führen, dass die offen artikulierten Ansichten von den tatsächlich verbreiteten abweichen. So dominierten laut Noelle-Neumann in den Bundestagswahlkämpfen 1976 und 1980 zumindest zeitweise linksliberale Positionen in den Medien; in der Bevölkerung jedoch fanden konservative Ansichten weit mehr Zuspruch als nach außen erkennbar war.

Allerdings ist die Isolationsfurcht individuell unterschiedlich ausgeprägt, bei einigen auch kaum vorhanden. Solche »Ketzer« und »Avantgardisten« können dafür sorgen, dass sich Meinungsbilder drehen. Indem sie aussprechen, was sich andere zunächst nicht trauen, machen sie es salonfähig und setzen dadurch eine neue Agenda. Allmählich kann sich das Blatt wenden und ehemals anerkannte Meinungen geraten ihrerseits in den Strudel der Schweigespirale. Beispiele hierfür sind etwa die früher durchaus tolerierten Positionen zu Sex mit Minderjährigen oder – ganz aktuell – die neue Bewertung von Militär- und Verteidigungsausgaben.

Zwar ist Noelle-Neumanns Theorie empirisch schwer zu belegen (was für medienpsychologische Modelle nicht ungewöhnlich ist), dennoch kann sie gewisse Dynamiken der öffentlichen Meinungsbildung gut erklären. Die Konjunktur der beleidigten und beleidigenden Zurechtweisungen in sozialen Medien lässt die Isolationsfurcht bei vielen nicht zu Unrecht wachsen. Wer sich in die falsche Echokammer verirrt oder eine verpönte Meinung äußert, muss schnell mit Anfeindungen rechnen. Das schüchtert ein und drängt so manche Meinung aus der kommunikativen Arena, nicht aber aus den Köpfen.

Jedes Meinungsklima – ob real oder bloß gefühlt – erzeugt Konformitätsdruck. Sozialpsychologische Experimente, wie sie in den 1950er-Jahren der Psychologe Solomon Asch durchführte, lassen erahnen, wie sehr wir unsere Urteile danach ausrichten, ob wir mit ihnen womöglich negativ auffallen. In Aschs Laborstudien schätzten Komplizen des Versuchsleiters die Länge vorgegebener Linien ganz offensichtlich falsch ein. Viele Probanden (wenngleich nicht alle) schlossen sich den Fehlurteilen an – nicht so sehr aus Überzeugung, sondern weil es opportun erschien. Von unserer Neigung zum Gruppendenken profitieren auch Tabuisten. Sie setzen auf den »chilling effect«: Schmähung und Spott vermitteln den Eindruck, man könne sich mit bestimmten Äußerungen nur den Mund verbrennen, müsse bestimmte Themen oder Ansichten ausklammern. Das erzeugt Druck, manche Dinge besser nicht auszusprechen.

Eine Chance, diesen Effekt auszuhebeln, liegt in der gesellschaftlichen Vielfalt. Die meisten Menschen gehören nicht nur einer einzigen Gruppe an, sondern bewegen sich in unterschiedlichen Kontexten. So wird für sie erkennbar, dass die Normen und Forderungen der einen Gruppe in der nächsten schon obsolet sein können. Der Kommunikationsforscher Tanjev Schultz schreibt: »In pluralistischen Gesellschaften können sich die Bürgerinnen und Bürger unterschiedlichen Gruppen und Organisationen anschließen, die ihren Interessen, Meinungen und Neigungen entsprechen. In diesen Zusammenschlüssen variieren die Regeln und Erwartungen und keineswegs kann überall alles gesagt werden, ohne dass dies Sanktionen nach sich ziehen würde. Jenseits staatlicher oder juristischer Einschränkungen können Menschen daher auch in freiheitlichen Gesellschaften die Erfahrung machen, dass das Äußern gewisser Meinungen in bestimmten Kreisen nicht oder nur schwer möglich ist oder jedenfalls soziale Kosten mit sich bringt. Werden solche Erfahrungen oft gemacht oder wird viel darüber kommuniziert, könnte der Eindruck erweckt werden, die Meinungsfreiheit sei insgesamt bedroht« (Schultz 2020b, S. 120).

Genau diesen Eindruck erweckt die Empörungskultur im Netz. Die Flut moralisierender Vorhaltungen rührt daher, dass im Digitalen Statusspiele dominieren und echter Austausch das Nachsehen hat. Wir produzieren hier vor allem Sprechblasen, Showeffekte und Bewunderung heischende Symbolhandlungen. Anders als im realen Leben treten wir online weniger als Person, denn als Projektion in Erscheinung, als Träger von Haltungen und Eigenschaften.

Dazugehören, beeindrucken, etwas darstellen, sich selbst überhöhen – nirgendwo ist das leichter zu erleben als in den virtuellen Prinzipienkämpfen. Die Philosophen Justin Tosi und Brandon Warmke argumentieren in einem Artikel über »moralische Anmaßung«, dass es online in ethischen Fragen oft zu einem Überbietungswettbewerb kommt: Menschen schelten allzu bereitwillig jene, die zuvor schon von anderen angegangen wurden. Sie versuchen, noch schärfere Anklagen zu formulieren, noch subtilere Untaten aufzudecken und den niederen Charakter anderer als noch offensichtlicher zu entlarven.

Eine wirksame Regulierung von Hass und Hetze im Netz scheitert bislang an der Informationsflut. Bei knapp zwei Milliarden aktiven Facebook-Usern täglich, geschätzten 100 Millionen Facebook-Posts am Tag und rund 500 Stunden Videouploads pro Minute auf YouTube kann sie nur automatisiert erfolgen. Das seit 2020 in Deutschland geltende »Netzwerkdurchsetzungsgesetz« verlangt von den Plattformen, beleidigende und falsche Inhalte binnen 24 Stunden zu löschen. Das funktioniert nur per maschineller Mustererkennung, was die Gefahr des Overblocking birgt: Zitate, Ironie, Sarkasmus, auch derbe Kritik müssen erlaubt bleiben. Im Streit zwischen Meinungsfreiheit und dem Kampf gegen Hassrede ist das letzte Wort also noch nicht gesprochen. Fest steht: Viele Tumulte der letzten Jahre – vom Brexit und der Trump-Wahl bis zu den Zusammenrottungen pandemiemüder »Spaziergänger« – wären ohne die digitale Selbstaufwertung, ohne die Gewissheit, dass der größte Irrsinn vielfach geteilt und bewundert wird, undenkbar gewesen. Soziale Medien stiften so gesehen nicht nur zur Radikalisierung an, sondern sogar noch davor zur Bigotterie.

Die Illusion der Tugendhaftigkeit

Moralische Empfindungen sind losgelöst von der Realität. Dass es uns ekelt, Raupen oder Ratten zu essen, hat nichts mit der Bekömmlichkeit ihres Fleisches zu tun. Dass wir auf unsere Kinder stolz sind, liegt nicht daran, dass sie wirklich die schönsten und klügsten sind. Dem Partner wollen wir treu sein, ob er es verdient oder nicht. Moralische Empfindungen sind nützliche Fiktionen; sie schaffen Regeln, die uns helfen, Kontrolle auszuüben. Kontrolle über uns selbst, über unsere Begierden und Gefühle und über andere. Um dies zu erleichtern, weisen wir uns sowie den Menschen um uns herum moralischen Status zu und versuchen beständig, den eigenen zu heben und zu vergrößern. Bereits Säuglinge tun das: Laut einer Arbeit von Entwicklungspsychologen um Lotte Thomsen und Susan Carey spielen zehn Monate alte Kinder lieber mit Puppen, denen andere Spielfiguren zuvor Respekt zollten, indem sie ihnen mit einer kurzen Verbeugung den Weg freimachten. Im höheren Alter bevorzugen Kinder ebenfalls häufig Spielkameraden, von deren Status sie selbst profitieren können.

»Die moralische Realität, in der wir leben, ist ein Tugendspiel«, schreibt der Wissenschaftsautor Will Storr in seinem Buch *The status game.* »Wir benutzen unsere zur Schau gestellte Moral, um Status zu gewinnen« (Storr 2021, p. 137, Übers. v. S. A.). Entscheidend sind nicht die Regeln, um die es dabei geht, wie zum Beispiel das Verbot bestimmter Speisen, Gesten oder Wörter – sie sind nur Mittel zum Zweck. Entscheidend ist, wie gut wir voreinander dastehen, wenn wir die Regeln achten und ihnen gemäß handeln. Allerdings können wir das strategische Kalkül dahinter nicht zugeben, sondern müssen – um unseren Statusgewinn nicht zu gefährden – die Illusion der Tugendhaftigkeit erhalten. Wir tun so, als ob wir nach moralischen Motiven handeln, um die Kontrolle zu behalten. (Freilich darf man sich dieses »So-tun-als-ob« nicht als bewuste Verstellung vorstellen, denn authentisch empfundene Normen sind besonders effektive Ego-Booster: Um mir in meiner Hilfsbereitschaft oder Rücksichtnahme zu gefallen, muss ich diese wirklich wichtig finden. Das ist die große Ironie der Selbsttäuschung.)

So kommt es, dass die moralisch aufgeladenen Regeln und Gebote unserer Tage von niemandem verordnet werden müssen. Es gibt kein Mastermind, keine Instanz, die auf ihre Einhaltung pocht. Sie gründen vielmehr auf dem, was Storr die »Tyrannei der Cousins« (Storr 2021, p. 166) nennt. Tabus verbreiten sich nicht hierarchisch von oben nach unten, sondern unter Gleichberechtigten, die einander mahnen: »Pass auf, was du sagst!«

Erstaunlicherweise nehmen viele Tugendwächter sich selbst kaum als solche wahr. Nach Daten des Meinungsforschungsinstituts YouGov von 2019 halten es lediglich 12 Prozent der Befragten für gerechtfertigt, Erwachsene für Ansichten zu tadeln, die sie als Teenager vertraten. 10 Prozent finden es nicht in Ordnung, wenn etwa Nicht-Japaner Kimono tragen. Im Netz werden lässliche Jugendsünden und kulturelle Aneignung jedoch regelmäßig gegeißelt. Man kanzelt andere ab und weist dies im nächsten Moment von sich. Warum lassen sich Menschen zu Dingen hinreißen, die sie selbst nicht gut finden? Das liegt einerseits an der immunisierenden Wirkung des Moralisierens: Wer auf der Seite der Guten steht, kann es nicht schlecht machen; in den Trutzburgen unserer hehren Absichten waschen wir uns von möglicher Schuld rein. Selbst Amokläufer stilisieren sich so zu Unschuldslämmern, und der Missbrauchskomplex der Kirche wäre ohne diesen Kniff ebenfalls undenkbar.

Dass moralische Anklage offenbar vielen Menschen Lust bereitet, liegt andererseits wohl auch an der gefühlten Last, die das Schweigen mit sich bringt. Wir müssen ständig abwägen, was wir sagen und was nicht. Wir handeln mit Bedacht, je nachdem, was uns opportun erscheint, und verschweigen dabei manches, das wir eigentlich für richtig halten. Was ist im Alltag nicht alles tabu! Wie viel man besitzt und verdient; welche Stellung man beim Sex bevorzugt oder ob man überhaupt welchen hat; dass man seine Kinder manchmal an die Wand klatschen möchte; dass einen Versagensängste oder Schuldgefühle plagen; dass man oft nicht so gut drauf ist, wie man sich selbst und anderen den Anschein gibt. Eine letzte Bastion absoluter Offenheit ist die Liebesbeziehung. In der Intimität der Zweisamkeit meinen wir, einander alles sagen zu können. Wir genießen das Gefühl bedingungslosen Wohlwollens; glauben, wir könnten alle Wünsche und Gedanken aussprechen. Doch das entpuppt sich schnell als Illusion, wenn wir Fantasien des Fremdgehens oder der Unterwerfung tatsächlich kundtun. Nichts ist schöner als gefühlte Offenheit im Schutz des Tabus. Wir könnten einander alles anvertrauen – und schweigen doch, des schönen Scheins wegen.

Oder nehmen wir Politiker. Sie verschweigen vieles, was auszusprechen unklug wäre. Über das wahre Ausmaß einer Bedrohung sagt man vor laufenden Kameras besser nichts. In der Bankenkrise 2008 durfte nicht klar werden, was los war, sonst wäre das Finanzsystem erst recht kollabiert. Da hilft nur herunterspielen, beruhigen und Zuversicht ausstrahlen – jedenfalls *nicht* Klartext reden. Doch nur, weil nicht alles transparent ist, ist nicht gar nichts transparent. Menschen mit Hang zum Verschwörungsdenken tun sich schwer, solche Bruchlinien und Konflikte einzuordnen. Das ist allerdings nötig, um Politik nicht als ein einziges abgekartetes Spiel misszuverstehen.

»Reden ist Silber, Schweigen ist Gold« – das stimmt vom strategischen Standpunkt aus sicherlich. Oft hält man besser den Mund, als schlafende Hunde zu wecken oder fruchtlose Diskussionen anzuzetteln. Wird uns das Schweigen jedoch verordnet, obwohl wir lieber reden wollen, tut es weh. Viele Menschen fühlen sich umzingelt von Unsagbarem. Laut Befragungen des Instituts für Demoskopie in Allensbach glaubten 2019 knapp zwei Drittel der Bundesbürger, man müsse »sehr aufpassen, zu welchen Themen man sich äußert«. Die *Mainzer Langzeitstudie Medienvertrauen* von Forschern um Nikolaus Jackob kam im gleichen Jahr zu dem Schluss, dass vor allem Nationalstolz, Einwanderung und Geschlechterfragen als heiße Eisen gelten. So gaben 38 Prozent der Teilnehmer an, dass man »sich den Mund verbrennt«, wenn man öffentlich sage, »der Islam gehört nicht zu Deutschland«. Nach Angaben des Marktforschungsinstituts YouGov von 2021 findet es jeder zweite Berufstätige unangebracht, am Arbeitsplatz über Politik zu reden. 28 Prozent befürchten, ihnen könnten Karrierenachteile daraus erwachsen.

Es verunsichert, nicht zu wissen, ob man etwas sagen kann, ohne abgewatscht zu werden. Und weil Menschen Unsicherheit hassen und nicht am Pranger stehen wollen, werfen sie vorauseilend ein: »Man wird doch wohl noch sagen dürfen ...« Sie schalten in den Opfermodus, um Ansichten kundtun zu können, ohne dafür kritisiert zu werden. Was sie dabei einkalkulieren, ist das gefühlte Meinungsklima. Sobald Menschen glauben, sie stünden unter Konformitätsdruck, hat das reale Folgen. Etwa, dass ihnen das Aussprechen gewisser Wörter und Ansichten als Aufstand gegen die politische Korrektheit erscheint. Manche brauchen das Gefühl, sie würden unterdrückt, um ihre Ressentiments als Freiheitskampf zu stilisieren.

Moralische Tadel schaffen zugleich eine Hackordnung, in der sich der Tadelnde über den Getadelten stellt. Jener maßt sich an zu beurteilen, was dieser gut oder falsch machte. Das hat der Tadel mit dem Lob gemeinsam, weshalb bei beiden Vorsicht geboten ist. »Wer bist du, dass du glaubst, mich bewerten zu können?«, so eine häufige Reaktion. Andere zu bewerten erweckt nicht nur den Eindruck, man sei dazu befugt (weshalb es uns amüsiert, wenn die Putzfrau zum Chef sagt: »Das haben Sie gut gemacht!«). Es erzeugt zudem

Stress, weil die bloße Tatsache des Lobens oder Tadelns davon zeugt, dass man bewertet wird.

Dass wir uns den Kopf darüber zerbrechen, was wir sagen dürfen und was nicht, lässt sich trotz alldem auch positiv deuten: Nur, wo an sich alles erlaubt ist, müssen Grenzen selbst gewählt werden. Wo schlimme Sanktionen drohen – verordnet von einem Regime –, gibt es kein Vertun. So ist der Streit über Tabus letztlich ein gutes Zeichen: Niemand kann diktieren, was geht oder nicht. Stellen wir uns Gesellschaft – zumindest die freiheitlich-demokratische – als Marktplatz vor: Hier werden Meinungen feilgeboten und angepriesen. Die attraktiven unter ihnen bilden Cluster; Menschen versammeln sich dahinter und begründen Normen, die alle Mitmeinenden zur Loyalität verpflichten. Wer dazugehören will, muss sich auf ganz bestimmte Weise verhalten. So wird Zugehörigkeit in alltägliches Handeln übersetzt.

Doch das verengt den Blick; es gibt dann scheinbar nur noch hui oder pfui, gut oder böse. Tanjev Schultz schreibt: »In Zeiten der moralischen Skandalisierung wird darauf geschaut, ob jemand klar für oder gegen eine Seite Partei ergreift. Abwägende Urteile und vermittelnde Positionen haben es dann schwer« (Schultz 2020b, S. 124 f.). Als Folge zücken wir rasch die Schere im Kopf.

Überlegen Sie selbst einmal, wie oft Sie sich beim Lesen dieses Buchs schon gefragt haben: »Was dieser Ayan da schreibt, ist das schon grenzwertig oder noch okay?« Ich sehe es so: Es ist nicht schlimm zu irren. Jeder tut das. Schlimm ist zu glauben, man habe für seine Ansicht, nur weil es die eigene ist, automatisch Anerkennung verdient. Seien Sie also gern anderer Meinung. Aber vergessen Sie nicht, es auch zu begründen!

Klarheit, Mut, Ironie

Falsches wird nicht dadurch richtig, dass man es ständig wiederholt – wir gewöhnen uns nur daran. Deshalb tischen uns viele Akteure in der politischen Arena die immer gleichen Mythen auf. Gemäß dem psychologischen Mere-Exposure-Effekt (Effekt der bloßen Begegnung) halten wir das, was wir öfter hören, gern für wahr. Statistisch ist das auch durchaus sinnvoll: Begegnet mir eine Information an verschiedenen Stellen, dürfte eher etwas dran sein, als an einer isolierten Behauptung. Doch das Prinzip wird missbraucht, um Legenden und Lügen zu verbreiten – zumal sich in unserer digitalen Medienlandschaft ohne viel Aufwand Behauptungen streuen lassen, die sich in kürzester Zeit vervielfältigen. Mehr noch: Viele glauben, jede Idee verdiene gehört zu werden, sei sie auch noch so abwegig. So sitzen in Talkrunden regelmäßig Leute, die Alternativen zum anerkannten Wissen anbieten, dabei sind ihre Sichtweisen aber oft alles andere als gleichberechtigt, sondern uninformiert oder verzerrt. Nein, Impfen macht nicht unfruchtbar; Handystrahlen verursachen keinen Krebs; Globuli und Handauflegen haben keinen medizinischen Nutzen jenseits des Placeboeffekts; die Welt wird von keinem Klub machtbesessener Unternehmer regiert; ... Die Gleichbehandlung falscher oder wirrer Ansichten erweckt den Eindruck, als diskutierten Esoteriker und Physiker, Gurus und Mediziner, Schwurbler und Philosophen auf Augenhöhe. Als wäre das, was Erstere an den Haaren herbeiziehen, eine vernünftige Antithese zu den Erklärungen Letzterer. »False

Balancing« – falsche Ausgewogenheit – erweist Pseudoexperten zu viel der Ehre.

Das Problem: Um das zu vermeiden, muss man entscheiden, wie viel Offenheit gut ist und wo sie endet. Man muss sich ein Urteil bilden, wer kompetent ist und wer nicht. Dabei soll Raum für Minderheitenmeinungen bleiben – immerhin können sie sich als richtig erweisen oder helfen, ein nuanciertes Bild zu zeichnen. Doch zu viel Relativismus schadet ebenso wie Restriktion. Dürftige Argumente wurzeln oft in Wunschdenken und Effekthascherei; das lässt sich entlarven. Was nicht heißt, dass alles glasklar wäre, sobald man nur den Weg der Vernunft einschlägt; es bleiben Spielräume. Dinge lassen sich verschieden einordnen, bewerten und gewichten. Wir müssen daher immer wieder neue Anläufe nehmen, um die beste Interpretation zu finden, und unsere Meinungen dem verfügbaren Wissen anpassen – und nicht etwa umgekehrt.

Es gibt kein absolutes Richtig oder Falsch, dennoch sind nicht alle Meinungen gleich gut. Ihr Wert bemisst sich an Kriterien, die der Relativist über Bord wirft: Angemessenheit, Plausibilität, Zweckmäßigkeit, Logik, Widerspruchsfreiheit. Für Relativisten haben alle Meinungen Respekt verdient. Nein, haben sie nicht! Recht hat, wer der Wahrheit am nächsten kommt. Das findet man freilich nur heraus, wenn man über Ungereimtheiten nicht hinwegsieht, damit sich jeder angenommen fühlt.

Solche Abwägungen können wir uns auch nicht dadurch ersparen, dass wir die eine Meinung auf ein Podest heben und andere skandalisieren. Es gibt eine gut gemeinte, aber falsche Neigung, das Kind mit dem Bad auszuschütten: Wir wollen Gleichberechtigung, also ignorieren wir Unterschiede zwischen Männern und Frauen; wir wollen jede sexuelle Orientierung und Identität zulassen, also erklären wir sie zu rein sozialen Konstrukten; wir wollen nicht stigmatisieren, also blenden wir aus, dass psychisch Kranke schwer zu heilen und eher gewalttätig sein können.

Es ist nicht leicht, der Verlockung des Schwarz-Weiß-Denkens zu widerstehen, denn dann gibt es keine einfache Lösung mehr. »Ohne den dumpfen Fremdenhass wäre alles gut!«; »Ohne diesen Genderwahn könnten wir in Ruhe leben!« Der einzige Ausweg ist zu erkennen, dass beides zugleich der Fall ist: Es gibt Rassisten – und Migration birgt Risiken. Es gibt Transgender-Ideologen – trotzdem haben Menschen jedes Recht anders zu sein. »Lügenpresse« ist Verleumdung – dennoch gibt es Gesinnungsjournalismus.

In einer Kultur des unbedingten Wohlwollens und der Hypersensibilität wächst die Sphäre des Inakzeptablen. Die Empörung der einen nutzen die anderen zur mutwilligen Grenzüberschreitung, denn die Skandalisierung gibt den Skandalisierten selbst Grund zu skandalisieren. Was wäre die Linke ohne das Zerrbild einer alles unterwandernden Nazi-Gesinnung? Was bliebe vom rechten Mob ohne die Mär von der Meinungsdiktatur? Der politischen Kultur wäre mehr gedient, würde man den Begriff Rassismus für Rassisten reservieren und Homo- oder Transphobie jenen vorbehalten, die LGBTQ+ wirklich hassen. Stattdessen gilt als xenophob, wer einen fremd aussehenden Menschen nach seiner

Herkunft fragt oder wer an die Existenz zweier biologischer Geschlechter glaubt. Das Twitter-Tribunal zögert nicht, sie der Menschenverachtung zu überführen.

Wir müssen den Wert des Meinungsdissenses und der unterschiedlichen Perspektiven wieder neu entdecken und dürfen dabei nicht zu empfindlich sein. Der Kommunikationsforscher Tanjev Schultz bringt es auf den Punkt: »Wären sich alle einig und dächten alle das Gleiche, wäre Meinungsfreiheit gar nicht wichtig. Bewähren muss sie sich im Streit. [...] Zur Meinungsfreiheit gehört nämlich auch, Dissens und Widerspruch auszuhalten« (Schultz 2020a, S. 11 f.). Auf die Frage, was man noch sagen darf, gibt es keine simple Antwort. Alles ist sagbar, aber nichts bleibt folgenlos; wir stehen unter Begründungs- und Rechtfertigungsdruck. Es gibt kein einfaches Maß dafür, was wir einander zumuten dürfen und was nicht – es gibt nur unterschiedliche Interessen. Tabus sind Werkzeuge im Prozess des Ausgleichs dieser Interessen, der jede Gesellschaft im Kern ausmacht. Ihre Dynamik versteht nur, wer die Motive dahinter in den Blick nimmt – die Bausteine im großen Spiel um Status, Loyalität und Einfluss.

Unsere Überzeugungen und Kommunikationsweisen sind letztlich einem großen Ziel verpflichtet: Wir wollen uns gut fühlen. Wir wollen glauben, dass wir Bescheid wissen und anderen die Welt erklären können. Wir wollen auf der richtigen Seite stehen. Wir wollen nicht schuldig sein. Wir wollen heldenhaft dastehen, weil wir so viel ertragen und dabei für das Gute eintreten. Bei all dem helfen Tabus. Wir können diese Bedürfnisse aber nur dann befriedigen, wenn wir sie nicht offenlegen. Wir dürfen uns nicht eingestehen, dass wir uns klüger oder gerechter machen, als wir sind – sonst wäre klar, dass doch alle nur auf dem Egotrip sind. Unser Talent zur Selbstverleugnung ist erstaunlich, wenn man bedenkt, wie sehr wir Argumente und Meinungen danach wählen und zuschneiden, ob sie der Erfüllung unserer Wünsche dienen. Wir verachten Heuchler, um der eigenen Anmaßung nicht ins Auge sehen zu müssen. Deshalb erkennen wir die Verstellung unserer Nächsten leichter als die eigene.

Was hilft, der Spirale aus Tabus und Tabubrüchen zu entgehen? Zunächst eine Einsicht: Tabus gehören zum Zusammenleben dazu. Wir können sie nicht abschaffen, aber wir können entspannter mit ihnen umgehen. Wir können Sprachregeln und Denkverbote hinnehmen, sogar gutheißen, und sie trotzdem nicht bierernst nehmen. Tabus gibt es in jeder Gesellschaft, selbst in der liberalsten. Manches soll, anderes kann und darf nicht gesagt oder gedacht werden. Weil es verletzt. Weil es höheren Zielen im Weg steht. Oder auch nur, weil wir Regeln brauchen, an denen wir unsere Zugehörigkeit messen und an denen wir uns orientieren können. Der Wunsch nach solchen Leitplanken scheint in unübersichtlichen Zeiten wie unseren zu wachsen. Trotzdem muss man nicht jeden Unfug mitmachen. Manche Tabus fördern ein friedliches Miteinander, andere wiederum die Weinerlichkeit und Selbstaufwertung. Tabus herbeizureden, um sie vermeintlich zu brechen, gibt Menschen das Gefühl, sie seien schlauer als andere. Dabei kämpfen sie allerdings oft nur gegen Windmühlen!

Tabus machen uns füreinander erkennbar. Sie sind der Lackmustest, an dem wir ablesen, wes Geistes Kind ein anderer ist, und somit ein sozialer Kitt erster Güte. Doch Tabus sind kein Schicksal. Wir müssen sie nicht fürchten und auch nicht darüber wachen, dass ja niemand dagegen verstößt. Anecken ist erlaubt, macht sogar Spaß. Vielleicht wäre es ein erster Schritt zum Umdenken, wenn wir beim morgendlichen Blick in den Spiegel zu uns selbst sagen würden: »Na, gut geschlafen, alter Besserwisser?«

Lassen wir uns von der Empörung – ob online oder offline, echt oder gespielt – nicht irre machen. Haben wir den Mut, zu sagen, was ist! Spielen wir das Statusspiel ruhig ein wenig mit, aber vergessen wir nie, dass es ein Spiel ist! Und wirft uns jemand vor, wir beugten uns einem Tabu, dann sagen wir lächelnd: »Eigentlich bin ich viel mutiger, ich komme nur so selten dazu.«

Ist Ihnen schon einmal aufgefallen, wie verbiestert jene sind, die Tabus setzen oder sie notorisch übertreten? Und wie innig in Feindschaft verbunden? Wir sollten weder unsere Vernunft noch unseren Humor auf dem Altar der Tabus opfern. Wir können alles sagen, für das es Gründe gibt oder das eine neue Sicht eröffnet. Aber wir müssen auch bereit sein, Verantwortung für das Gesagte zu übernehmen. Das Nachdenken über Tabus kann uns lehren, die flirrende Gleichzeitigkeit von Gut und Böse zu akzeptieren, denn selbst beste Absichten gehen manchmal nach hinten los. Man kann sich für andere engagieren und sich zugleich dabei gefallen. Andererseits hat Opfer zu sein auch Vorteile, Schwäche kann ebenso Stärke sein, Störung ein Talent, Empathie kann zur Waffe werden, und Moral kann töten.

Wie schön wäre es, könnte man all das säuberlich trennen! Doch die Gleichzeitigkeit des scheinbar Unvereinbaren findet in ein und derselben Situation, in ein und derselben Person Platz. Frauen werden Opfer von Gewalt und benutzen MeToo als Druckmittel; der Holocaust hat unsagbare Schuld auf die Deutschen geladen und wird politisch instrumentalisiert; Seenothelfer im Mittelmeer retten Leben und unterstützen das Geschäft der Schlepper. Etwas kann ethisch geboten und verwerflich zugleich sein. Es fällt schwer, das zu akzeptieren. Der Progressive darf nicht Teil des Problems, der Neoliberale nicht Teil der Lösung sein. Gutes wollen muss auch Gutes bewirken, alles andere macht nur Ärger. Doch so ist das Leben – nichts als Ärger!

Versuchen wir, einem Denken zu widerstehen, das nach schwarz und weiß, richtig und falsch, klug und dumm, Sieger und Verlierer sortiert. Wir müssen das Schlechte im Guten und das Gute im Schlechten sehen und dürfen ihre Verquickung nicht ignorieren. Die Gefahr dabei ist (neben der emotionalen Last), dass wir ins Wischiwaschi abgleiten: »Du kannst es so sehen oder so.« Solches Herumlavieren verhindert, dass wir uns eine klare Meinung bilden, Grenzen ziehen und verteidigen können. Doch wir müssen trotz allem Position beziehen, Gründe für unsere Sicht der Dinge aufbieten und andere Meinungen zulassen, ohne zu meinen, alle würden gleich viel taugen.

Eine letzte Lektion der Tabus lautet: Hinter allem, was nicht gesagt werden darf (ob tatsächlich oder gefühlt), stehen Interessen. Sie zu be- und überdenken, erfordert die Fähigkeit zum Perspektivenwechsel. Doch genau dieser wird heute selten praktiziert: Wer wagt es, sich in einen Pädophilen oder einen Terroristen hineinzuversetzen, um zu erkennen, dass sie keine Monster, sondern Menschen sind? Wer mag nachvollziehen, warum sich junge Klimaaktivisten mit Sekundenkleber auf Straßen festpinnen, Kirchenleute Verbrechen decken oder Politiker nicht das Herz auf der Zunge tragen? Wer moralisiert, verweigert sich fremden Sichtweisen. Wer wütend ist, denkt nicht nach. Deshalb ist es wichtig, Tabus klein zu halten. Etwa indem man sie ironisiert. Ironie ist die Kunst, Unvereinbares zusammen zu denken. Was wir brauchen, ist ein ironisches Verhältnis zum Tabu. Humor befreit von der Last des Unsagbaren und macht es artikulierbar. Nur lacht eben nicht jeder mit, doch das sollte uns nicht bekümmern. Angesichts der vielen Moralkeulen schwingenden Egos, die nur darauf lauern, den nächsten Vorwurf abzufeuern, brauchen wir Mut zur Zumutung.

Erwarten wir also nicht, dass uns jeder applaudiert. In einer pluralen Gesellschaft kommt niemand ungeschoren davon. Was das konkret bedeutet, müssen wir immer wieder neu bestimmen. Jeder für sich und alle miteinander.

Literatur

Ahlgren, M. (2022): 35+Facebook-Statistiken und -Fakten für 2022. Verfügbar unter: https://www.websiterating.com/research/facebook-statistics/ [29.04.2022].

Asch, S. (1951): Effects of group pressure upon the modification and distortion of judgements. In: H. Guetzkow (eds.): Groups, leadership, and men. Research in human relations. Pittburgh (Carnegie), pp. 177–190.

Bellet, B. W., P. J. Jones a. R. J. McNally (2018): Trigger warning: Empirical evidence ahead. *Journal of Behavior Therapy and Experimental Psychiatry* 61: 134–141.

Bennett, W. L. a. A. Segerberg (2012): The logic of connective action: Digital media and the personalization of contentious politics. *Information, Communication & Society* 15 (5): 739–768.

Botha, M., J. Hanlon a. G. L. Williams (2021): Does language matter? Identity-first versus person-first language use in autism research: A response to vivanti. *Journal of Autism and Developmental Disorders*. DOI: 10.1007/s10803-020-04858-w.

Brady, W. J., A. P. Gantman a. J. J. van Bavel (2020): Attentional capture explains why moral and emotional content goes viral. *Journal of Experimental Psychology: General* 149 (4): 746–756.

Flaßpöhler, S. (2021): Sensibel. Über moderne Empfindlichkeit und die Grenzen des Zumutbaren. Stuttgart (Klett-Cotta).

Fleischmann, A., J. Lammers, K. Diel, W. Hofmann a. A. D. Galinsky (2021): More threatening and more diagnostic: How moral comparisons differ from social comparisons. *Journal of Personality and Social Psychology* 121 (5): 1057–1078.

Freud, S. (1991): Totem und Tabu. Einige Übereinstimmungen im Seelenleben der Wilden und der Neurotiker. Frankfurt a. M. (S. Fischer).

Goltermann, S. (2017): Opfer. Die Wahrnehmung von Krieg und Gewalt in der Moderne. Frankfurt a. M. (S. Fischer).

Greenwald, A. G., D. E. McGhee a. J. L. K. Schwartz (1998): Measuring individual differences in implicit cognition: The implicit association test. *Journal of Personality and Social Psychology* 74 (6): 1464–1480.

Hale, J. (2019): More than 500 hours of content are now being uploaded to YouTube every minute. Verfügbar unter: https://www.tubefilter.com/2019/05/07/number-hours-video-uploaded-to-youtube-per-minute/ [29.04.2022].

Hawkins, S. a. T. Baghuram (2020): American fabric: Identity and belonging. More in Common Report. Verfügbar unter: https://www.moreincommon.com/media/s5jhgpx5/moreincommon_americanfabricreport.pdf [29.04.2022].

Henning, T. (2012): Personale Identität und personale Identitäten – Ein Problemfeld der Philosophie. In: H. G. Petzold (Hrsg.): Identität. Ein Kernthema moderner Psychotherapie – Interdisziplinäre Perspektiven. Wiesbaden (VS), S. 19–38.

Herrmann, S. (2019): Gefühlte Wahrheit. Wie Emotionen unser Weltbild formen. Berlin (Aufbau).

Institut für Demoskopie Allensbach (2019): Grenzen der Freiheit. Eine Dokumentation des Beitrags von Prof. Dr. Renate Köcher in der Frankfurter Allgemeinen Zeitung Nr. 119 vom 23. Mai 2019. Verfügbar unter: https://www.ifd-allensbach.de/fileadmin/user_upload/FAZ_Mai2019_Meinungsfreiheit.pdf.

Jackob, N., T. Schultz, I. Jakobs, M. Ziegele, O. Quiring u. C. Schermer (2019): Medienvertrauen im Zeitalter der Polarisierung. *Media Perspektiven* (5): 210-220. Verfügbar unter: https://www.ard-media.de/fileadmin/user_upload/media-perspektiven/pdf/2019/0519_Jackob_Schultz_Jakobs_Ziegele_Quiring_Schemer_2019-06-12.pdf [19.04.2022].

Jordan, J. J. a. D. G. Rand (2020): Signaling when no one is watching: A reputation heuristics account of outrage and punishment in one-shot anonymous interactions. *Journal of Personality and Social Psychology* 118 (1): 57–88.

Juan-Torres, M., T. Dixon a. A. Kimaram (2020): Britain's choice: Common ground and division in 2020s Britain. More in Common Report. Verfügbar unter: https://www.britainschoice.uk/media/ecrevsbt/0917-mic-uk-britain-s-choice_report_dec01.pdf [29.04.2022].

Körner, A., B. Abraham, R. Rummer a. F. Strack (2022): Gender representations elicited by the gender star form. *Journal of Language and Social Psychology*. DOI: 10.1177/0261927X221080181.

Levy, N. (2020): Virtue signalling is virtuous. *Synthese* 198 (10): 9545–9562.

Lohre, M. (2019): Das Opfer ist der neue Held. Warum es heute Macht verleiht, sich machtlos zu geben. Gütersloh (Gütersloher Verlagshaus).

Minson, J. A. a. B. Monin (2012): Do-gooder derogation: Disparaging morally motivated minorities to defuse anticipated reproach. *Social Psychological and Personality Science* 3 (2): 200-207. DOI: 10.1177/1948550611415695.

Möhring-Geisler, A. (2021): Sechs Tricks für mehr Klicks. *Gehirn&Geist* (8): 24–30.

Montag, C., B. Lachmann, M. Herrlich a. K. Zweig (2019): Addictive features of social media. Messenger platforms and freemium games against the background of psychological and economic theories. *International Journal of Environmental Research and Public Health* 16: 2612. DOI:10.3390/ijerph16142612.

Neuwirth, K. a. E. Frederick (2004): Peer and social influence on opinion expression: Combining the theories of planned behavior and the spiral of silence. *Communication Research* 31 (6): 669–703. DOI: 10.1177/0093650204269388.

Noelle-Neumann, E. (1980): Die Schweigespirale. Öffentliche Meinung – unsere soziale Haut. München (Piper).

Popper, K. (1945): The open society and its enemies. London (Routledge).

Puryear, C., E. Kubin, C. Schein, Y. Bigman a. K. Gray (2022): Bridging political divides by correcting the basic morality bias. *PsyArXiv*, 01.01.2022. DOI: 10.31234/osf.io/fk8g6.

Randt, L. (2020): Allegro Pastell. Köln (Kiepenheuer & Witsch).

Schopenhauer, A. (2014): Die Kunst, recht zu behalten. Stuttgart (Reclam).

Schultz, T. (2020a): Aktuelle Belastungsproben für die Meinungsfreiheit. In: T. Schultz (Hrsg.): Was darf man sagen? Meinungsfreiheit im Zeitalter des Populismus. Stuttgart (Kohlhammer), S. 9–20.

Schultz, T. (2020b): Tabu und Redeverbote? Die Bedeutung des Meinungsklimas. In: T. Schultz (Hrsg.): Was darf man sagen? Meinungsfreiheit im Zeitalter des Populismus. Stuttgart (Kohlhammer), S. 113–138.

Sosis, R. a. E. R. Bressler (2003): Cooperation and commune longevity: A test of the costly signaling theory of religion. *Cross-Cultural Research* 37 (2): 211–239. DOI: 10.1177/1069397103037002003.

Storr, W. (2021): The status game. On social position and how we use it. London (William Collins).

Thomsen, L., W. E. Frankenhuis, E., M. Ingold-Smith a. S. Carey (2011): Big and mighty: preverbal infants mentally represent social dominance. *Science* 331 (6016): 477–480.

Tosi, J. a. B. Warmke (2016): Moral grandstanding. *Philosophy and Public Affairs* 44 (3): 197–217.

Vonk, R. a. A. Visser (2021): An exploration of spiritual superiority: The paradox of self-enhancement. *European Journal of Social Psychology* 51 (1): 152–165.

Wegner, D. M., D. J. Schneider, S. R. Carter a. T. L. White (1987): Paradoxical effects of thought suppression. *Journal of Personality and Social Psychology* 53 (1): 5–13. DOI: 10.1037/0022-3514.53.1.5.

YouGov (2019): Do you think it is or is not okay for non-Japanese people to wear kimonos? Verfügbar unter: https://yougov.co.uk/topics/consumer/survey-results/daily/2019/06/28/8e5f6/3 [22.04.2022].

YouGov (2021): Cancel culture. Verfügbar unter: https://docs.cdn.yougov.com/3li08lkxae/YouGov%20-%20Cancel%20culture.pdf [22.04.2022].